KB233803

여학생, **면접**

좀 **잘** 봤음
정말 **좋겠다**

여학생,
면접 좀 잘 봤음 정말 좋겠다

초판 1쇄 찍은 날 | 2008년 7월 14일
초판 1쇄 펴낸 날 | 2008년 7월 21일

지은이 | 이정주
디자인 | 아셀라
펴낸이 | 임동선
펴낸곳 | 늘푸른소나무

출판등록 | 1997년 11월 3일 제 1-3112호
주소 | 서울시 마포구 서교동 351-25 유창빌딩 401호
전화 | (02)3143-6763~5
팩스 | (02)3143-6762
이메일 | esonamoo@naver.com

ISBN 978-89-88640-73-9 (13320)

여학생, **면접**

좀 **잘** 봤음 정말 **좋겠다**

이정주 지음

면접 좀 잘 봤으면 정말 좋겠다!

한해 수만, 수십 만 명에 달하는 취업자들이 취업의 좁은 문으로 들어가기 위해 생사를 건 치열한 경쟁에 매달려 있다.

"취직하기만 하면 정말 내 실력을 제대로 보여줄 수 있을 텐데… 취업의 문 자체가 열리지 않으니 답답하다."고 말하는 취업준비생을 만나노라면 가슴이 아파온다.

경쟁이 이토록 심하다보니 서류면접이나 입사시험만으로는 우열을 가리기 어려워졌다. 당연히 면접시험이 까다로워져서, 거르고 또 걸러내느라 면접의 테크닉도 대단히 복잡해졌다.

이 와중에 취업준비생들만 준비할 것이 더 많아지고 걱정과 염려도 더 많아졌다. 하지만 "세상 염려의 95%는 아직 일어나지도 않은 사건에 대한 염려와 걱정"이라는 말이 있다. 염려하고 걱정할 시간이 있으면 철저하게 준비하자.

학창시절, 중간고사나 기말 시험 때, 시험지를 받아놓고 보면 "내가 조금 만 더 공부할 걸…"하며 후회한 적이 없었는가? 그런 식의 후회를 하지 않기 위해서라도 면접은 철저한 준비가 필요하다.

잘난 남성들과 경쟁하라, 그리고 이겨라

자, 이제 치열한 경쟁을 시작할 때다. 나라나 기업에선 남녀차별이 없다고 강조하지만 우리는 다 안다. 남녀차별, 그것은 엄연히 존재하는 보이지 않는 크고 높은 장벽이다.

이제, 잘난 남학생들과 경쟁할 때다. 안 그래도 좁아빠진 취업 시장에서 남녀차별의 보이지 않는 장벽을 무너뜨리기 위해선 철저하게 준비하여야 한다.

이 책은 면접에 대해서는 99% 준비를 하게 만드는 명품 면접 교과서라고 할 만하다. 필자는 취업 시장에서 반평생을 일한 전문가이고, 현재도 수많은 종업원을 채용하여 어렵사리 기업을 운영해 가고 있는 일선의 최고경영자이기도 하다.

여성의 몸으로 여기까지 오는데 사실 적잖이 힘이 들었다. 그래서 누구보다도 여성 취업자들의 마음을 잘 이해한다고 믿는다.

독자들이여.

남자들에게 기죽지 말라. 면접관들에는 더 기죽지 말라. 오기를 갖고 당차게 덤벼들어 면접관들을 당황시킬 만큼 똑 부러지게 면접을 보라.

이 책에는 면접관들을 기죽이게 할 만큼 당당한 답변들이 가득 차 있다. 모든 경우의 수를 필자가 다 만들어 줄 수가 없어서 표준적인 사례들로 책을 꾸몄으니 이 책을 읽고 내 경우에 맞춰 나만의 답변을 만들라.

1장은 면접에 대한 이론적 접근이다. 꼭 읽어두어야 하고 가슴에 담아두어야 할 내용이다.

2장은 면접에서 자주 나오는 이른바 FAQ에 해당하는 질문과 답변으로 꾸몄다. 각 장의 질문마다 모범 답안을 독자 스스로 작성할 수 있도록 '성공한 답변', '부족하거나 실패한 답변', 그리고 '문제점과 평가'를 실어두었다. 다 읽고 나서 내 것을 만들어 말미에 붙여둔 '적용연습'란에 기입하고 수시로 암기하라. 답변이 내 몸에 익으면 준비가 다 된 것이다.

3장은 면접관들이 우리를 괴롭히기 위해 자주 던지는 질문들이다. 여기도 충분히 읽고 숙지해서 당당하고 발칙한 답변을 준비할 일이다.

면접을 위해 별도로 시간을 낼 필요도 없다. 이 책을 하루에 한 장씩 읽고 준비하면 두달 여의 기간이면 충분히 준비할 수 있는 내용이다.

"이번 시험에 떨어지면 어떡하지?" 하고 고민하지 말라. 다른 곳에 가면 된다고 편하게 생각하라. 용기를 잃지 말고 최선을 다하면 반드시 좋은 일이 생길 것이다.

부디 이 책을 통해 절대로 좌절하지 말고 오뚝이처럼 일어나 남성들과 싸워 이기는 독자 여러분이 되길 간절히 바란다.

우먼 파워 만세!!

2008년 7월

이정주 박사

코리아리크루트(주) 대표이사

05 회사를 선택한 이유

**3부
곤란한 질문을 던지는
면접관들을 향한 발칙한 도전**

01 지극히 여성적인 질문에 주눅들지 말라

02 답변자의 심리를 흔드는 질문들

실전면접요령 20選

1부

실전 면접요령

20선

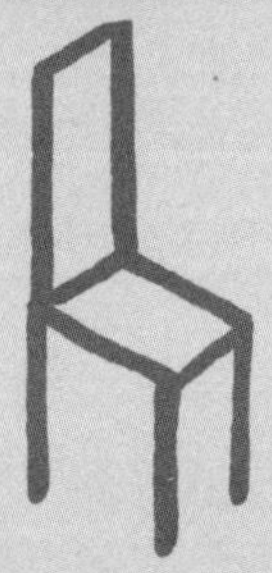

좌절금지!

"생명이 있는 한 언제나 희망은 있다"

\- 세르반테스 -

　1차 서류 전형에 통과해도 면접이라는 큰 장애물을 만나게 된다. 이 과정을 제대로 통과하기란 얼마나 어려운지… 그래서 마련했다.

면접 통과를 자신하는 100% 합격 요령!

　장황한 말과 이론은 필요 없다. 이론으로 면접의 수많은 질문들에 효과적으로 대답할 수 있는 방법은 없다고 해도 지나치지 않다.

　그래서 면접에 자주 나올 가능성이 높은 질문들을 모았다. 이름 하여 '면접 시뮬레이션!!' 이다. 시뮬레이션이란 모의실험이다. 이 모의실험을 잘 준비하면 면접 때 떨지 않고 당당하게 임할 수 있다. 자신감을 가져라. 이 면접장의 주인은 면접관이 아니라 바로 당신이다.

취직시험의 최종 테스트가
면접이다

■ 면접이야말로 취직 시험의 끝이라는 말이 있다. 과연 그러하다고 해도 지나친 말이 아니다.

취직시험은 다양한 종류와 형태가 있지만 대개 ① 서류전형, ② 필기시험, ③ 신체검사, ④ 적성검사, ⑤ 면접으로 나눌 수 있을 것이다. 그런데 이 중에서 면접은 제일 마지막에 치르는 것이라 대개 수험생들 중에는 면접을 제대로 준비조차 하지 않고 우습게 알거나 철저하게 준비하지 않는 학생들이 꽤 있다.

그러나 생각해 보라. 필기시험 등을 실시하지 않는 기업은 있어도 면접을 하지 않는 기업은 절대 없는 법이다.

인사담당자들에게 '취직시험 중에서 가장 중요한 것이 무엇이냐'고 물어보면 대답 가운데 90% 이상이 '면접'이다. 시험은 그저 많은 경쟁자 가운데서 우열을 골라내기 어려우므로 탈락시키기 위한 장치라고 볼 수 있다. 하지만 면접에서는 적성과 열의, 협조성, 사회적 적응성 등에 더해서 일반적인 지식과 교양 등을 본다. 심지어 순발력과 창의력도 조사한다.

세계적으로 유명한 M컨설팅에서는 엘리베이터를 타고 들어오는 신입사원에게 질문을 던지기로 소문나 있다.

"지금 엘리베이터 안에서 화재가 났습니다. 어떻게 하실 겁니까?"

"당신이 지금 증권사 애널리스트라 칩시다. 이라크의 유전들이 오늘 테러를 당해 불바다가 되었습니다. 당장 엘리베이터를 내리면 수많은 투자자들이 당신의 말을 들으려고 로비를 꽉 메우고 서 있습니다. 주식을 팔아야 할 때입니까? 사야 합니까? 당신의 결정은 무엇입니까?"

이런 식으로 금방 대답하지 않으면 안 되는 곤란한 질문을 속사포로 던진다. 거기서 머뭇거리거나 빙빙 돌리면 그냥 아웃이다.

이처럼 면접이야말로 직원을 선발하는 가장 중요한 수단이다. 그러니 최선을 다해 준비하는 것이 당연한 일이다. 취업의 문이 상대적으로 여성에게 부족한 상황에서 여성용 면접서를 기획한 이유도 여기에 있다. 남성들을 딛고 일어설 여성 특유의 강점을 면접에서 실천하고 승리하라. 다음의 모든 항목들은 그것을 위해 준비된 것들이다.

02

면접을 당하는 것이 아니라 면접을 하러 온 것이다

■ 면접하러 들어가면 대개의 학생들은 떨기 마련이다. 게다가 여학생들을 상대할 면접관들은 대개 나이 든 보수층의 임직원들이다. 부장, 팀장, 그리고 임원들이 주를 이룬다. 일단 나이와 직책과 피 면접자로서 이미 기선을 제압당하고 들어가는 자리다. 그러니 떨릴 수밖에.

하지만 떨지 말자. 생각을 바꾸면 떨 일이 없다. 생각을 어떻게 바꾸느냐고?

"이 회사가 내가 들어갈 만한 회사인지 아닌지 오늘 좀 제대로 살펴봐야지. 회사를 대표해서 나온 인물들은 어떤 사람들인지, 하나를 보면 열을 안다는데 그들을 보고 기업 문화도 살펴봐야겠다. 그리고 시간이 남으면 이런 저런 질문도 좀 해보고서, 내 적성이나 품위에 어울리는지 꼭 알아봐야겠다!"

이렇게 마음먹고 들어가라는 것이다.

음식 사러 쇼핑센터에 가면 이것저것 간도 좀 보고, 맛도 좀 봐야지 않겠는가? 새 집을 장만하러 아파트 신축 모델 하우스에 가면 재질은 뭐로 썼는지, 가격은 합당한지, 건물을 지은 사람들은 어느 정도의 수준인지... 이런 것들을 확인하는 절차를 밟는 것은 너무도 당연하다.

면접도 똑같다. 내가 들어가서 일할 회사인데 내가 살펴보는 것은 당연한 일이다. 그러니 면접관들한테 주눅들지 말라. 당당하게 할 말 하고 당당하게 질문도 하면서 그 짧은 시간을 최대로 활용해서, 그 회사와 그 회사의 구성원들을 살펴보는 것이다.

떨 사이가 없다. 떨기에는 너무 짧은 시간이기 때문이다.

질문을 할 여유를 주지 않더라도 그냥 물러서지 말고, 한 가지만 여쭤봐도 좋겠는가라고 말을 걸어라. 그런 것이 다 점수에 들어가고 좋은 평가를 받는 계기를 만든다. 그리고 무엇을 물어볼지 사전에 서 너 가지를 정해 두었다가 면접 분위기에 맞는 질문을 콕 던지면 그것으로 끝나는 것이다. 굳이 대답을 들을 것도 없다.

사실은 내 점수를 높이려는 것이니까…

뜬금없는 **질문**에 당황하지 말라

"황희 정승 아시죠??"

"예"

"그 분이 21세기로 살아 돌아온다면 훌륭한 참모가 될 것 같습니까? 그렇다면 왜 그런지, 아니라면 왜 아닌지를 설명 좀 해보세요."

"예?"

"저……그 황희…… 그그 저저……"

세기를 뛰어넘는 이런 갑작스런 질문에 당황해서 답변이라곤 한 마디도 제대로 하지 못하고 나온 취업준비생이 한 둘이 아니다.

본능적으로 긴장할 수밖에 없는 취업준비생의 입장에서는 무슨 질문이 나와도 당황하기 마련인데 이런 식으로 상상을 초월하는 질문을 해대면 정신이 멍해지는 상황을 맞을 수밖에 없다. 그러나 호랑이에게 물려가도 정신만 차리면 산다는데 당황하지 말고 맞서라.

"황희 정승은 세종의 참모였다고 알고 있습니다."

우선 이렇게 대답해 놓고 시간을 벌어라. 나는 다 아는데 뭣부터 풀어놓을까를 고민하는 모습을 보이는 것이 중요하다. 누구나 당황하는 이런 질문에 '나만 모르다니…' 하며 기가 죽거나 당황할 필요가 없다.

기본 의식은 이렇게 가져야 한다.

'내가 모르는 것은 남도 모른다. 다른 경쟁자도 다 틀린 건데 내가 기죽을 필요 없다.'

도대체 누가 황희 정승에 대해 일부러 책보고 공부하는 사람이 있을 것인가?

마음을 다 잡고 그리고는 이런 식으로 대답하라.

"황희 정승은 까다롭고 세심하며 철저히 살피는 완벽주의자 세종을 잘 보필하여 오래도록 세종의 리더십을 철저하게 보필한 섬김의 정신을 갖고 있었습니다. 그래서 그가 오늘날 살아 돌아온다면 누구보다 더 관용과 섬김의 리더십으로 훌륭한 참모역을 맡으실 것으로 생각됩니다."

이 정도면 된다. 120점! 만점을 넘는 대답이다. 그러나 이보다 못했다고 떨 것 없다. 안 뽑히면 원래 안 갈 것이라고 생각하고 그냥 경험삼아 본 것이라고 스스로 위로하면 될 일이다.

면접은
성적순이 아니다

■ 면접 공포증이란 말이 있다. 수험생들에게 그만큼 면접이 부담스럽다는 뜻이다. 그래서 면접 볼 때 여학생들을 보면 스튜어디스처럼 머리를 미장원에서 매만지고 원피스 정장을 차려 입고 면접장으로 들어간다.

그러나 그런다고 점수가 반드시 높아지지는 않는다. 외모는 대단히 중요하지만 지나친 꾸밈은 오히려 감점 요소다. 과유불급이라고 지나치면 해롭다는 것이다.

기업은 면접에서 인재를 구하려고 한다. 지금보다 더 우수한 인재를 구하려는 것이다. 당연히 시험 보는 이들도 중요하지만 기업 입장에서도 중요한 일이다. 그러니 면접관들은 어떻게 우수한 인재를 한 명이라도 더 많이 확보할지에 승부수를 던진다.

그런데 여기서 말하는 우수한 인재를 뽑는다는 것은 수험생들이 생각하는 우수한 인재와는 질이 다르다. 기업입장에선 자기 회사에 도움이 될 인재를 찾으려는 것이지 성적이 우수한 사람을 찾는 것이 아니라는 점이다.

여학생들 가운데는 성적이 나쁘다고 아예 면접을 포기하는 학생들이 있는데 그럴 필요가 없다. 대학성적이 좋은 사람을 가리키는 것은 아니다. 물론 성적은 나쁜 것보다는 좋은 것이 백 번 유리하지만 그럼에도 성적만으로 사람을 뽑게 되지 않더라는 것이 필자의 솔직한 고백이다. 오히려 너무 뛰어난 성적의 수험생이 오면 '저 사람이 우리 회사에 오래 있을까?' 라는 회의가 들 때가 적지 않았다.

"우리 회사는 오래 성실하게 다녀줄 인물들이 필요하다."라거나 "우수한 인재보다는 서포트를 잘 해 줄 인재가 필요하다."라는 식의 채용도 얼마든지 가능한 것이다.

그리고 회사의 차세대를 짊어지기에 이 사람이 정말 적합한지 어부가 채용을 할 때 대단히 중요한 관점이 된다.

여성의 **장점**을
최대한 활용하라

■ 누구나 면접관이 되면 결점부터 찾으려 든다. 이 속성을 잘 알아야 면접에 능동적으로 대처할 수 있다. 이 속성을 알기 위해서 면접에서는 각종 질문이 쏟아져 나오는데 그 대답뿐만 아니라 복장상태, 태도, 답변방법에서도 모두 감점 요인이 발생한다. 심지어 의자에 앉는 자세까지 자세하게 체크하는 경우도 있다.

기업이 추구하는 직원의 모습은 곧바로 현장에 투입해도 될 만큼 상식이 풍부하고, 정신이 맑으며, 협조성이 좋고, 일을 열심히 하며, 동시에 업무처리능력이 있는 사람을 원하는 것이다. 그러나 그런 면접자는 한 명도 없다. 그러니 면접관들에게 어떻게 어필하면 좋을까?

피 면접자 자신이 이런 항목에 부응하면 얼마나 좋을까?

피 면접자 특히 여학생들의 경우는 상대적으로 남성들에 비해 불리하다. 이야기해 보지도 않고 여성은 약하고 회사에 큰 공헌도가 없다는 식의 가부장적 태도를 가진 면접관들이 적지 않다. 이들을 공략하기 위해서는 여성 특유의 장점을 발휘해야 한다. 부드럽게 어필하면서도 할 말을 할 수 있는 사람이란 걸 보여주자.

연기를 하라는 것이 아니다. 지나친 가식은 오히려 감점 요소다. 면접관은 오랜 기간 많은 지원자들을 봐 온 프로이다. 그러므로 성의껏 준비하고 왔다는 인식을 최대한 심어주자.

그러나 이것을 불과 몇 분 안에 다 보여주기란 어려운 일이다. 그러므로 준비한 자신을 보여주기 위해서라도 면접의 실전 테크닉은 정말 필요한 법이다. 여기서 말하는 테크닉이란 기업이 추구하는 인재상을 연기하는 것과는 다른 이야기다. 나 자신이 남들에 비해 자랑할 만한 개성을 가진 것을 어떻게 잘 상대방에게 전달하느냐하는 것이다.

여성의 강점은 부드러운 미소와 친밀성이다. 왜 남성 기자보다 여성 기자들의 취재력이 돋보이는가? 왜 거절당하지 않고 취재원에게 곧바로 다가가는가를 생각해보라. 여성이 남성들에게 그만큼 쉽게 다가설 수 있는 가장 큰 이유가 바로 여성이라는 것 때문이다. 남성들이 마음을 열 수 있도록 면접관에게 부드럽게 대하라. 미소를 지어라. 그것만으로도 이미 경쟁자로 나선 남성들을 이길 수 있다. 거기에 단호하지만 겸손한 말씨와 자신이 준비한 실력이면 무서울 것이 없다.

해당 기업의 **인재상**을
미리 연구하라

■ 기업이 필요로 하는 인재는 기업에 따라 다른 법이지만 기업이 원하는 인재상을 미리 파악하지 못하고 면접에 나서면 어려움을 겪을 수밖에 없다.

그러므로 상대 기업의 인재상에 대해 철저하게 연구를 해 둬야만 한다. 게다가 많은 지원자들 가운데 자신을 눈에 띄게 하지 못한다면 제1지망으로 원하는 기업에 입사하기는 어렵다. 상대방을 알고 나 자신을 알고 전략을 세웠을 때 비로소 원하는 기업에 입사할 수 있다. 이를 위해서는 면접에도 주도면밀한 준비가 필요한 것이다.

예를 들자면 LG그룹과 삼성그룹의 인재상은 당연히 차이가 있다. 동부그룹에 입사하는 인재상은 또 다르고 대성그룹에 입사하는 인재도 확연히 차이가 있다.

이것은 회장, 사장, 경영진의 스타일과 기업문화가 차이가 나기 때문이다. 그러므로 내가 들어가려는 기업의 스타일을 철저하게 준비하라.

모 그룹의 인사담당 임원은 필자에게 이렇게 얘기한 적이 있다.

"학생들은 학교 시절에 공부를 잘한 성적표를 들고 와서 제가 이 회사에 꼭 필요한 인재라고 이야기하지요. 하지만 기업은 학창시절 공부 잘한 것보다 앞으로 얼마나 잘 할 수 있을 것인가를 보려고 해요. 그게 면접자와 피 면접자의 가장 큰 생각의 갭인 것 같아요."

그렇다면 우리 여학생들이 들어가려는 회사의 인재상을 어떻게 알아낼 수 있을까? 그것은 결국 인맥, 학맥, 지연 등을 이용하는 방법과 세미나, 발표회, 스터디, 모니터링 이벤트 등 기업 활동을 이용한 접근 방법으로 구별된다.

아는 사람을 통해 그 회사가 어떤 인재들을 필요로 하는지, 그 회사의 구성원들은 어떤 특성을 갖고 있는지를 찾아보라.

필자가 아는 한 여학생은 들어가고 싶은 식품회사의 이벤트 때마다 먼 거리를 찾아다니면서 모니터링을 하고 직원들과 얼굴을 익혔다가 채용된 케이스다.

기업 입장에선 이런 적극성을 가진 여학생이 얼마나 고맙고 반가울 것인가. 이런 열성으로 면접에 임하자 모두 다 그녀를 알아보고는 별로 물어보지도 않고 채용한 것이다.

꿈꾸는 모델을 정하라

D 그룹의 전 모 임원은 현재 65세 된 비서이다. 38년간을 회장을 모시면서 그룹 비서실에서 일했다. 그녀는 늦은 나이에 결혼하고, 30대 중반에 이 일을 시작했다. 결코 젊지 않는 나이에 새로 배우면서 시작한 일이었다. 그러나 일구열심으로 비서직이 전문직이라는 인식으로 올인 했더니 지금 대한민국 최고의 전문 비서이자 임원으로 이름을 널리 알리고 있다.

이제 비서는 차 심부름이나 하고 전화나 받아주던 시대의 비서들과는 격이 다르다. 차원이 달라졌다는 말이다.

경영진을 보좌하는 참모이자 경영자와 함께 고민하고, 생각을 공유하는 리더십을 가져야 하는 것이다. 실제 이렇게 현업에서 여성의 장점을 살려 전문직으로 일하는 선배들은 하나 둘이 아니다.

이런 인물들을 모델로 삼아보라. 목표를 정하고 달려가는 것은 정말 중요하다. 과녁을 정확히 세워야 화살을 쏘아 보낼 수 있는 것과 같은 이치다.

휴대폰 회사의 한 K 임원은 한 여대생이 장문의 메일을 보내왔는데 자신을 닮고 싶으니 제발 기회를 달라고 주야장창 요구했다는 것이다. 그러나 처음 보는 학생을 바쁜 와중에 시간 내서 만나기 어려워 e메일로만 이런 저런 일들을 상의해 주었다고 했다.

그 후 몇 달이 지났는데 이 여학생이 전화를 하고 찾아왔다. 자신이 원하는 회사에 입사해서 감사의 선물로 케이크를 사 왔다는 것이었다.

어떻게 그렇게 쉽게 취직이 되었느냐면서, 내가 해 준 일이 별로 없는데 뭘 감사할 게 있는가고 물었더니 그녀 대답이 걸작이었단다.

"제가요, 면접을 보러 들어갔는데 한 여성 면접관이 저보고 어떤 인물이 되고 싶으냐고 물어 보시길래, 제가 모 휴대폰 회사에서 임원으로 일하시는 K 전무님과 같은 인물이 되고 싶다고 했거든요. 그랬더니 그 분을 어떻게 아느냐고 해서 이러저러 하게 연락을 하고 e메일도 주고받는 사이라고 말했더니 흔쾌히 취업시켜 주었습니다."

알고 보니 그 여성 면접관은 예전에 K 임원이 한 세미나에서 교육시켰을 때 그 내용을 듣고 감명을 받았던 인물이었다는 것이다. 이런 노력들이 결실을 맺어 취업의 어려운 길이 생각보다 쉽게 열린 것이다.

해당 기업을 **칭찬**하라

■ 사회적으로 성공하고 싶은가? 그렇다면 이 책의 독자 분들께만 알려드리는 특별한 비법이 있다. 그게 뭐냐고? 바로 칭찬이다.

"애걔? 겨우?"

그렇게 가볍게 말하지 말라. 칭찬은 고래도 춤추게 한다는 말이 있지 않은가.

칭찬을 말할 수 있다면 이미 그 사람은 출세하기 위한 특별한 기술을 가진 셈이다. 이것으로 인해 얼마나 많은 득이 생기는지, 우리 인생이 얼마나 풍요로워지는지, 그 장점은 이루 말할 수가 없을 것이다.

면접관은 해당 기업에서 녹을 먹고 사는 직장인이다. 임원이든 아니든 간에 그는 그 회사의 중요한 구성원이다. 그런 사람들에게 귀에 거슬리지 않을 정도로 기업을 칭찬한다면 그것으로도 이미 점수를 따고 들어가는 것이다.

사실 칭찬이라면 어떤 말도 그리 흉 될 것이 없다. 같은 값이면 다홍치마라고 귀에 듣기 좋은 말을 해주는 것이 나쁠 건 없을 것이다.

"전에 우연히 마주친 수해 현장에서 이 기업의 구성원들이 땀 흘려가며 자기 일처럼 수해 현장을 복구하던 일을 보았습니다. 그 점을 보며 굵은 땀을 흘려가며 국가와 사회에 봉사하는 이들과 함께 일하고 싶다는 생각을 했습니다. 이런 점이 제게 확실한 입사 동기를 심어주었습니다. 저는 이 기업이 이윤추구만 하지 않고 함께 나누고 섬기는 자세가 정말 마음에 들어서 꼭 한 번 응시해서 취업하고 싶었습니다."

이런 적극적인 동기를 밝히면 플러스 점수를 얻게 될 것이 분명하다.

그리고 말끝에 젊은이들이 자주 쓰지 않는 고사성어 한 두 마디쯤을 함께 써 두면 절대절명의 귀중한 시간에 던져주는 한 마디의 위트와 칭찬, 고사성어들을 통해 강렬한 인상을 심어줄 수 있을 것이다.

코치가 누구인지 밝혀라

■ 요즘 한창 유행하는 키워드가 있는데 그 중의 하나가 코칭이다. 우리는 대개 경쟁이 치열하면 할수록 앞만 보고 달려가는 경향이 있다. 누군가 도우미가 있거나 파트너가 있어서 우리를 보좌해주게 되면 좀 더 생산적 창조적 결과를 얻어낼 수 있다.

앞만 보고 달려가는 자들에게 부족한 것이 자기 위치에 대한 의식과 결점에 대한 보완이다.

코칭이란 말을 용어사전에서 보면 '코치와 발전하려고 하는 의지가 있는 개인이 잠재능력을 최대한 개발하고, 발견 프로세스를 통해 목표설정, 전략적인 행동, 그리고 매우 뛰어난 결과의 성취를 가능하게 해주는 강력하면서도 협력적인 관계'라고 정의되고 있다.

즉, 코칭이란 코치가 코칭을 받는 사람에게 직업적 또는 개인적인 성과를 향상시키고, 삶의 질을 높이는 데 도움을 주는 지속적인 파트너십이다.

그러므로 코치는 경청하고 관찰하는 데 있어서 고도로 훈련을 받은 사람이며, 개개인의 특성에 맞게 그들의 필요에 접근해가는 방법에 숙련된 사람이다.

그렇기 때문에 면접에 임했을 때 자신이 어떤 교육을 받았고, 어떤 코치로부터 어떤 코칭을 받아왔는지를 밝히는 것은 대단히 중요하다.

코치는 사람들이 스스로 전략과 해결책을 도출하도록 도와주는 인물이므로 그의 이름과 경력이 곧 내게 도움이 되는 것이다.

히딩크라는 걸출한 지도자 한 사람이 박지성이라는 인물을 만들어낸 것을 우리는 안다. 히딩크가 보장한 축구선수라는 수식이 박지성에게 한참 동안 따라다닌 것을 기억할 것이다. 그러므로 코치의 이름을 밝히는 것은 그만큼 나 자신을 대외에 과시하는 아주 좋은 수단이 된다.

10

기업 분석을 위해
발품을 팔아라

■ 면접을 잘 준비하는 여학생과 그렇지 못한 여학생의 가장 큰 차이는 대답을 들어보면 안다.

"우리 회사에 대해 아시는 대로 설명해 보세요."

그러면 십중팔구는 대개 인터넷이나 회사 홈페이지에 실린 정보를 앵무새처럼 외우며 대답하고 만다. 그 이상을 물어보면 대부분 고개를 젓는다. 이건 준비 부족이다.

상당수 구직자들은 온라인의 채용공고를 보고 그냥 달려온다. 그러나 어떤 여학생은 면밀한 업종, 직종 분석을 통해서 취업하고 싶은 기업의 리스트를 분석한다.

누가 유리할 것인지 물어볼 필요가 있을까?

대부분의 구직자들은 자신들이 얻은 정보만으로 기업을 파악하고 지원하기 때문에 어려운 과정을 거쳐 입사가 되더라도 적응하기가 쉽지 않다. 사실상 무슨 회사인지 모르고 들어왔기 때문에 적응이 안 되고, 입사하는 게 급했기 때문에 사후 준비는 전혀 없다시피 해 조기퇴직을 하기까지 하는 낭패를 겪는 것이다. 이건 기업은 물론 자신에게도 많은 비용과 시간을 낭비하는 비효율을 낳는다.

먼저 이 책을 읽는 여학생들은 제발 입사를 지망하는 기업의 후보리스트를 먼저 만들고 반드시 기업 현장 방문을 가보라. 발품을 안 팔고 그냥 들어가려는 바보짓을 하지 말라.

현장 방문은 기업분석의 핵심으로 그 기업의 사람과 여학생이 접촉하는 의미를 가진다. 취업에 성공한 구직자들 사이에 기업탐방은 모의면접과 더불어 절대로 유리하다. 그만큼 적극적으로 자신이 원하는 기업을 파악하려는 열정과 현장성을 가졌음을 면접관에게 알려주는 것이다.

다행히 현장에서 만난 기업의 구성원이 면접관으로 들어올 수도 있다. 이 얼마나 좋은 일인가?

기업방문을 제대로 하려면 학교 선배와 인맥을 동원하라. 정 안 되면 동창회 명부라도 이용하라.

일본의 경우, 대학의 취업지도의 하나로 기업별로 분류된 졸업생 명부인 취업부를 만들어 재학생들에게 취업의 기초자료로 제공하고 있다. 우리나라도 조금씩 이처럼 취업을 위한 동창 명부를 만들고 있는 대학들이 늘어나고 있는 추세이다. 그러나 없다고 단념하는 것은 어리석은 일이다. 대부분 대학의 경우 동창회 사무실에 가면 졸업생 명부를 통해 선배들을 찾을 수 있기 때문이다.

둘째, 학과 사무실이나 학과 교수님들과 연락하는 선배들을 찾으라. 교수님들이야말로 우리의 든든한 백이다. 학과 사무실에 가서 두려움 없이 선배를 소개해 달라고 요구하라. 교수님들과 접촉을 통해 자신이 취업하고 싶은 기업의 같은 업종에 있는 선배들을 소개 받도록 하는 것은 중요한 거점 확보의 의미를 갖는다.

셋째, 대학 동아리, 인터넷 취업동아리 등에 가입하여 적극적인 활동을 통해 멤버들이 가지고 있는 인적네트워크를 활용하라. 동아리에서 활동하던 동기와 선배들은 다른 대학 동기들과는 다른 특별한 인적 경험을 가진 이들이다. 특히 여학생들의 경우는 대부분 많은 남학생 선배들로부터 귀여움과 사랑을 받았을 것이다. 이런 애정을 바탕으로 취업 전선에 나서 그들에게 취업의 노하우와 인맥 연결을 부탁한다면 성공할 가능성이 그만큼 높을 것이다.

넷째, 대학의 취업지원실장을 들볶으라.

취업지원실은 기업의 채용의뢰를 직접 받는 기관이며 학생의 취업이 곧 실적이 되는 부서다. 그러므로 취업보도실의 전문가와 지원실장을 들들 볶으면 좋은 자리를 만들 수 있고, 나아가 기업 관계자와 연락을 이을 수 있다.

이런 방법을 통해 기업 현장의 여러 사람을 만날 수 있다면 그만큼 다양한 정보를 얻을 수 있게 되어 면접에 대한 두려움이 사라지고, 당당하게 자신의 역량을 표현할 수 있는 자신감이 형성되어 취업준비 기간을 단축할 수 있다.

11

모의면접 프로그램을 최대한 활용하라

■ 요즘은 대학 취업지원실에서는 대개가 모의면접 프로그램을 실시한다. 대학교마다 요란한 플랜카드를 내걸고 모의면접을 실시하는데 생각보다 들으려는 학생들이 많지 않다. 모의면접 시험이라는 것이 좀 어색하고 불편하기 때문일 것이다. 막상 모의면접에 들어온 학생들도 진지한 모습을 갖추기가 어렵다고 말하는 것을 들은 적도 있다.

그러나 '실전은 연습처럼, 연습은 실전처럼'이라는 말이 있지 않은가? 이 연습을 해 본 여학생들은 그렇지 않는 구직자들보다 취업에 확실히 유리했다는 이야기를 자주 듣는다.

그리고 예상외의 질문을 받더라도 놀라거나 당황하지 않도록 연습을 해 두는 것이 중요하다. 문제는 실전에서는 어떤 질문이 나올지 예상키 어렵다는 것이다. 별별 이상한 질문과 예기치 못한 시츄에이션이 나타나는 것이 면접장이다.

모의면접이란 실전 면접에 대비해 뭐가 부족한지를 체크해 보자는 것이다. 그러므로 모의면접장에서 지적받은 사항들을 중점적으로 개선하도록 해야 한다.

예를 들자면 모의 면접상황을 설정하였을 때 구직자들의 깔끔한 외모가 직업적인 자질보다 더 호의적인 고용결정을 받아냈다는 결과들이 나타난다. 그래서 외모에 더 신경 쓰라든지, 복장을 깔끔하게 입을 것을 요구받았으면 그에 맞춰 준비해야 할 것이다. 면접은 짧으면 5분만에도 끝난다. 이 짧은 만남에 첫인상을 어떻게 보이는가가 대단히 중요한 것이다.

다음은 한 여학생이 면접에 임할 때의 주의사항을 기록해 놓은 것이다. 참고해 주기 바란다.

1. 인사를 반드시 한 후 착석
2. 끝난 후 문 앞에서 다시 인사
3. 곤란한 질문에 웃음으로 때우지 말기
4. 답변은 반드시 결론부터, 이리저리 돌다가 다른 데로 갈 수 있다
5. 시선을 면접관에게 맞추라

6. 지원동기를 명확하게 전하라

7. 지나치게 공격적이거나 지나치게 수동적이지 않게 하라

8. 옷 색깔을 지나치게 튀지 않게

9. 지나친 짧은 치마를 피하고 다리를 꼬지 말 것

10. 가슴이 파인 옷은 피하고 품위 있는 옷으로

11. 시선을 이리저리 돌리지 말 것

12. 질문을 하고 싶을 땐 허락을 받고 짧고 간결하게 할 것

13. 질문에 대한 대답을 들을 때는 고개를 끄덕이며 듣고 있다는 표시를 할 것

　기업마다 색깔도 다르고 시스템도 다르지만 면접을 한 번만 보는 회사는 생각보다 적다. 대개 2회, 많으면 3, 4회까지 점층식으로 면접을 보는 경우가 있으므로 이에 대해 대비하고 프로세스를 정확하게 이해해 두는 것이 좋겠다. 특히 면접지원자가 많을 경우는 수차례의 면접으로 탈락자를 가려내게 되므로 그만큼 경쟁도 치열하고 절차도 복잡하다.

　• **제1차 실무자 면접** : 이 단계에서 나오는 면접관은 대부분 초보 관리자급이다. 아니면 실무진으로서 함께 일할 선배들일 수도 있다. 결국 여러분을 부하로 활용할 사람이 면접 담당관이 되는 것이다. 가장 첫 면접이니 잘 하면 통과될 것이라고 얕보지 말라. 오히려 실무진이기 때문에 더 깊숙하고 더 자세한 내용을 물어볼 수도 있고, 이들의 추천 여하에 따라 당락이 결정될 수도 있으므로 차분히 대응해야 한다.

　• **제2차 중간관리자 면접** : 팀장들이나 과장, 부장급이 면접을 나온다. 이들은 피 면접자의 사회성을 체크하거나 도덕성, 임기응변력, 전문지식에 관한 질문 등을 던지게 된다. 많은 부하를 키워온 경력자들이라 한 눈에 쓸 재목인지 아닌지를 체크하는 범상치 않은 눈매를 가진 분들이다. 채용과 불채용에 대하여 실질적인 결정권을 쥐고 있는 경우가 적지 않다. 기업과 면접자의 수에 따라 면접 일정이 통합될 수도 있다.

　• **제3차 최종 면접** : 임원과 CEO, 고문 등 기업의 최고경영자와 책임자들이 면접을 나오게 된다. 지금까지 어려운 과정을 거쳐 온 피 면접자로서는 마지막 관문이 된다. 여기선 실무관리자들이 확정해 놓은 인물들을 놓고 최종적으로 점검해 보는 성격이라 성장 가능성이나 잠재력, 인성과 적응성, 품성 등을 점검하고 향후 기업의 재목이 될 그릇인지 아닌지를 판단하게 된다. 이 관문을 통과하면 끝이다. 그러나 기업에 따라 건강진단을 마지막에 둔 경우도 꽤 있으므로 건강에 문제가 없는지 항상 점검할 필요가 있다.

나도 모르는 **습관**이 있다

■ 모의면접을 해 보면 확실하게 드러나는 것이 있다. 그것은 바로 자신도 모르는 습관이 있다는 것이다. 모의면접에 들어가 여학생들을 관찰하고 나온 한 교수님은 이렇게 말하고 있다.

"여학생들은 자신도 모르는 이상한 버릇들을 갖고 있는데, 그것이 버릇인지도 모르고 하는 것 같아요. 그런데 개중에는 예쁜 버릇도 있어 봐줄만 한 것도 있지만 어떤 것은 정말 보기가 흉한 것이라 지적해 주지 않을 수 없었어요."

보기 싫어서 지적하지 않을 수 없었다는 내용들을 보면 사람에 따라 천차만별이긴 하지만 대개 손톱을 물어뜯는 버릇, 입술을 잘근잘근 씹는 버릇, 말을 하면서 쩝쩝 소리를 내는 버릇(이 여학생은 30분 동안 12번이나 쩝쩝 소리를 냈다고 지적받았다), 코를 훌쩍이는 버릇,

"~~했습니다"에서 '다' 소리가 잘 들리지 않게 말하는 버릇, 자꾸 머리카락을 쓸어 올리는 바람에 자세를 흩트리고 마는 버릇, 공격적으로 상대를 쳐다보는 버릇(이 여학생은 상대를 꼬나보는 습관이 있었는데 그것을 본인은 전혀 깨닫지 못하고 있었다), 코를 자꾸 만지거나 파는 버릇(그것을 참으려고 몸을 비틀거나 안면근육을 움직여 코를 건드리는 버릇), 잔기침을 자주 하는 버릇 등등이 그것이다.

이런 버릇들은 어릴 적부터 혹은 학창시절부터 자신도 모르게 몸에 배어서 본인도 의식하지 못한 채 하는 버릇들이 대부분이다. 그런데 친구들은 이런 것을 자연스럽게 봐주지만 면접관들은 이상하게 볼 것이 틀림없다.

그러므로 모의면접이 아니면 어디서 이런 버릇들의 문제점을 찾아낼 것인가? 그래서 모의면접에서 많은 지적을 받을수록 실전에 강해진다는 말이 나오는 것이다.

질병으로 인한 버릇도 있다.

대표적인 것이 비염이다. 비염이 심하면 코가 막혀서 듣기가 심하게 불편한 소리를 내게 된다. 발음도 부정확하고 본인도 상대도 다 불편한 대화를 하게 되므로 면접 전에 치료를 하고 들어가는 것이 좋겠다. 하지만 만성 질병이라면 잠시 상태를 호전시키는 비상 처방들(호흡기

치료나 이비인후과 임시처방 등)을 받도록 하는 것이 좋겠다.

이밖에도 치질이 있다든지, 변비로 인해 늘 아랫배가 불편하다든지 하는 경우도 면접과 같은 중요한 일을 앞에 두면 더 심해질 수 있으니 꾸준히 치료해서 불편을 만들지 않도록 하는 것이 중요하다.

대개의 여학생들은 질문의 의도를 모르거나 혹은 내용을 모를 때 그냥 멋쩍은 웃음을 짓거나 아니면 머리를 흔들며 당황해 하는 경우가 많다. 먼저 질문을 제대로 이해하지 못했을 때는 자신이 이해한 만큼이 맞는지를 반드시 물어봐야 한다.

"지금 말씀해 주신 내용은 이러저러한 것이라고 생각되는데, 제가 그 해결책을 제시하라는 말씀이십니까?" 혹은

"질문하신 요지를 제가 정확히 이해한 것인지는 모르겠습니다만, 회사의 개선책을 제시해 보라는 말씀으로 이해해도 되겠습니까?"

이런 식으로 확인하는 것은 당연한 일이고, 오히려 당당해 보여서 좋다. 그러나 사실 모르면 '모른다.'고 말할 수밖에 없다. 괜히 모르는 것을 아는 척 했다가는 망신만 당하기 십상이다. 다 대답하면 좋겠지만 다른 여학생들도 대답하기 어려운 문제였을 것이라고 생각하고 대답을 포기하는 것이 현명하다. 다른 질문에 정확히 대답하는 것이 더 나은 것이다. 물론 '모르겠다.'고 대답하는 것은 지원자에게 쉬운 일이 아니다. 하지만 여기서 망설이거나 당황하지 말라. 풀이 죽을 필요가 없다. 면접관의 시선을 피하지 말고 겸손하고 정중하게 '모르겠습니다.' '더 열심히 공부하겠습니다.' 라고 대답하면 되는 것이다.

면접 의상 7계명

■ 나를 어떻게 보이고 싶은가. 첫 인상은 4초 만에 결정된다고 한다. 그리고 그 중에서 90%가 외모로 그 인상을 결정한다. 또 그 인상 중에서 복장(옷 매무새)이 외모를 결정짓는다. 외모라고 이야기하지만, 그중에서 옷, 말투, 메시지 등이 더 영향을 미친다. 그러니 첫 인상을 위해 돈과 시간을 투자하는 것은 너무도 당연한 일이다.

그러나 이 모든 것을 단시간에 잘 하기는 어렵다. 그러므로 우선 손쉽게 할 수 있는 대비법으로 면접 복장을 잘 준비하는 것을 추천한다.

이른바 여학생을 위한 면접 의상 7계명이다.

면접 의상 7계명

1) 지원하는 회사의 기업문화를 미리 알아둘 것

일본 기업들의 면접의상 준비 요령 가운데 첫째 항목이 '지원하려는 회사의 사원들과 비슷하게 입어라' 는 것이었다.

면접관들은 그 회사 사람이다. 당연히 눈에 익숙한 복장이 있다. 그것에 맞추면 호감도를 갖게 되고, 그것에 맞추지 못하면 뭔가 어색해 보이기 마련이다.

회사의 직원들과 비슷한 스타일의 옷을 입어라. 이것이 가장 중요한 포인트이다.

2) 보수적이고 품위 있게 입자

면접을 성공으로 이끌기 위해서는 면접관으로부터 신뢰와 호감을 얻어야 한다. 면접관들은 아무래도 기성세대다. 그러므로 보수적인 옷차림이 면접관들로 하여금 당신을 보다 더 호감도 있게 받아들이게 할 것이다. 여성 면접자의 옷차림이 야하거나 지나치게 번지르르하면 면접관들이 거부감을 갖게 만든다.

3) 날씬한 모습을 연출하라

둔해 보이면 아무래도 행동이 굼뜨다고 느낄 것이다. 당연한 말이지만 타고난 체중을 갑자기 줄일 수는 없더라도 이왕이면 날씬하게 보이는 의상을 선택하라. 같은 옷이라도 날씬하고 균형 잡힌 사람으로 보이게 하면 훨씬 돋보인다. 물론 이를 위해서는 규칙적인 운동과 식생활을 통해 균형 잡힌 몸을 유지하도록 하는 것이 중요할 것이다.

4) 색상은 검정 감색 곤색 등이 좋다

여학생들은 원피스나 투피스 정장을 입되 색상은 검정 감색 곤색 등이 신뢰감을 준다. 그러나 빨간색 한 벌 밖에 없다면 그것도 좋다. 때로 바지에 재킷을 입고 면접장에 들어가는 학생들도 있는데, 반드시 치마만 입으라는 원칙은 없으니 그도 무방할 것이나 다만 너무 튀지 않도록 하는 것이 좋겠다. 바지는 활동성과 진취성을 보여주는 옷이다. 그런 의상을 선택한다면 당연히 말과 행동도 그렇게 보이도록 노력하라. 옷 따로 말 따로가 되어서는 곤란하다.

5) 속에 받쳐 입는 셔츠나 블라우스는 흰색이 좋다

흰색 역시 신뢰와 고상함, 결백을 보여준다. 그러나 원색의 셔츠나 블라우스는 좀 부담스럽다. 한국이나 일본에서는 정장 속에 반팔 셔츠를 입는 경우가 많은데, 서양에서는 격식을 차리지 못한 옷차림으로 본다. 그러므로 혹시 옷을 벗을 경우를 대비해서라도 정장 속에 긴팔을 준비하는 것이 좋겠다.

6) 신발은 항상 정장보다는 짙은 색이어야 한다.

신발은 깨끗하게 손질하고 검정이나 짙은 색 계통이 바람직할 것이다. 여기에 스타킹이나 양말을 어떻게 매칭시킬까를 생각하라.

바지 차림이면 양말은 구두와 같은 색이거나 구두와 바지의 중간색이 좋다. 스타킹도 요즘 형형색색에 그물 모양, 사선, 벽지무늬 등 다양한 것이 나와 있지만 무난하고 점잖은 것을 선택하기를 권한다.

7) 입어서 편안한 옷을 택하라

면접을 위해 산 옷이라면 몇 번 입어서 몸에 익도록 하라. 면접을 보다 보면 처음 산 옷을 입고 와서 절절 매는 여학생들이 한 둘이 아니다. 옷차림은 무엇보다도 자신에게 어울리고 맞아야 하는 것이 가장 중요하다.

14
실전 면접 요령

인적 네트워크를
최대한 활용하라

■ 기업에 취업하는 방법을 두고 꼭 실력으로만 들어가 겠다고 우길 필요는 없다. 인적 네트워크가 좋은 사람은 추천을 받아서 얼마든지 취업이 가능하다.

아버지나 삼촌, 오빠, 선배가 근무하는 회사에 일부러 안갈 필요가 있을까?

내가 아는 사람들을 통해 인적 네트워크가 가능한 회사에 수개장이나 추천서를 받아가는 것이 얼마나 유리한가.

기업에서 영향력이 있는 사람을 개인적으로 알고 있는 것은 좋은 측면에서 보자면 비즈니스업계에서 강하게 뿌리를 내릴 수 있는 힘이다. 거기에는 당신으로 인해서 넓어지는 인맥이 무슨 일이 있었을 때 기업에게 플러스로 작용할지 모른다는 계산이 있다. 가령 당신의 성적이 가장 낮았다 해도 중요한 거래처의 자녀라면 당신은 입사할 수 있다. 아니 더 정확히 말하면 처음부터 성적 따위는 문제가 되지 않는다. 입사 결정을 한 후 형식적으로 필기와 기타 시험을 보면 되는 것이다.

인적 네트워크의 힘은 회사에 따라서 상당히 다르다. 일반적으로는 인맥이 없는 학생과 함께 시험을 보면 최종적으로 더 유리한 경우가 대부분이다. 일부 기업은 이력서나 회사서류에 아예 기업 내 아는 사람이나 인맥, 추천인의 이름을 요구하는 경우도 있다.

그러나 꼭 좋은 면만 있는 것이 아니다. 인맥을 이용하는 이상, 제멋대로의 행동은 할 수 없다는 점이다. 예를 들어 진짜로 가고 싶은 회사에 합격해도 인맥으로 결정된 회사를 거절하기가 어려워 그냥 다니거나, 소개해 준 사람의 신용을 생각해 행동을 조심하게 되는 경우도 있다. 근무태도도 역시 소개해 준 사람을 의식해서 보다 더 근면하고 더 신중해야 한다.

그렇지 않으면 소개자의 신분에도 영향을 줄 수 있다는 점을 기억할 것.

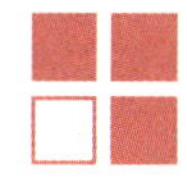

면접시간이 겹치는 불행!

■ 요즘은 보통 스무 장, 서른 장의 입사 서류를 쓰고 심지어 백 장, 이백 장씩 서류를 준비해도 취업하기 어려운 세태다. 그러다보니 중요 기업은 이상하게 면접일정을 겹쳐서 하곤 한다. 이것은 일부러 우수 인재를 다른 회사에 빼앗기지 않으려는 기업들의 작전일 수 있다.

어떤 경우든 겹치는 면접일정은 얼마든지 있을 수 있다. 이럴 때, 가장 나쁜 방법은 다른 한 쪽을 포기하는 것이다.

그러지 말기를 권한다. 먼저 전화하고, 솔직하게 이야기해서 인사담당자와 상담을 하라. 이 때 가령 '어느 회사와 시간이 겹쳤느냐?' 라는 질문을 받으면 솔직하게 이야기하고 편리를 봐 달라고 요구하라. 안 된다면 안 가면 그 뿐이다.

　물론 같은 업종의 타사와 면접이 겹쳤다면, 이 업종에 대한 열의가 크다는 평가를 받게 되어 괜찮지만 이곳저곳을 돌아다니는 인상을 주는 것은 곤란하다.

　면접관은 기본적으로 우수한 인재라면 뽑고 싶어 한다. 그러므로 솔직하게 상담하라는 것이다.

　시간변경을 신청해서 거절당하면 어떻게 할까?

　A사에 거절당했다면 시간이 겹치는 B사의 면접관에게도 반드시 상담하라. 물론 이 경우에도 전화한 회사가 1지망이라고 이야기하는 것이 좋다. 그래도 안 되면 늦어도 면접 장소까지는 가보자. 가서 이야기를 해보고 들여보내달라고 부탁할 것. 당신을 우수하다고 생각하는 기업이라면 당신을 만나줄 것이다. 거절당할 것 같으면 깔끔하게 물러서면 그 뿐이다. ‘급한 일이 생겨서’, ‘집안 사정이 생겨서’ 라는 변명은 통하지 않는다. 수많은 면접자들을 만난 면접관들은 대개 변명과 거짓말을 파악하는 훈련이 되어 있다.

　참고로 이 상황을 한 번 시뮬레이션 해보자.

여학생 : 다음 주 수요일 오후 2시에 면접을 보게 되어 있는 OOO라고
　　　　　 합니다. 실은 다른 회사 방문 날짜와 겹쳐서 죄송하지만 면

접 일정을 조정해 주실 수 있을지를 여쭤보고 싶습니다.

인사팀 : 그건 곤란합니다. 어떤 회사의 방문 면접입니까?

여학생 : R 무역회사와 면접 일정이 겹쳤기 때문입니다.

인사팀 : 저희와 같은 업종인데 그건 곤란한 부탁입니다.

여학생 : 귀사를 제 1지망으로 하고 있는데 사실 R무역회사는 이미 1차 면접까지 합격한 상태라서 꼭 한 번 기회를 갖고 싶습니다.

인사팀 : 그럼 그 회사로 가시는 것이 좋을 텐데요.

여학생 : 그래도 제가 지원한 귀사에 더 애정이 가고 꼭 입사하고 싶어서 지원한 것입니다. 저에게도 기회를 주시면 정말 고맙겠습니다.

인사팀 : 원하시는 답변을 드릴 수 있을지 모르지만 연락드리도록 하겠습니다.

면접시간에 지각하다니

■ 수능 시험을 볼 때 보면 늘 경찰차를 얻어 타고 가거
나 순찰 오토바이, 앰뷸런스 같은 차를 타고 시험장에 들어가는 학생
들을 보곤 한다. 중요한 일에 지각이라니 말도 안돼 하겠지만 중요한
면접에 지각하는 경우는 얼마든지 있다.

어떻게 하면 늦지 않고 제 시간에 갈까? 그렇다고 몇 시간이나 일찍
가서 진이 빠지게 기다릴 수도 없다.

그러니 교통 사정, 체증, 사고 등을 생각해서 면접하는 기업에는 늦
어도 약속 30분 전에는 도착한다는 것을 전제로 출발하자. 사전에 그
기업까지 가는 방법과 소요시간을 정확히 확인해 두자. 그것도 자신
이 직접 가보는 것이 가장 중요하다. 아는 곳이면 상관없으나 모르는
곳이면 넉넉히 시간을 떼어놓고 출발한다.

서울시내의 교통사정이 시간대별로 차이가 많이 나고, 또한 계절에 따라서도 달라진다. 갑자기 눈이 많이 온다거나, 여름철 폭우가 쏟아진다거나 하면 승용차도 택시도 소용없어진다. 기업의 위치와 소요시간을 확인해 둔 다음 지하철, 시내·시외버스 등 대중교통으로 면접시간대에 맞추어서 한번 시뮬레이션 해 보는 것이 가장 이상적이다.

나는 괜찮을 거라고 생각해도 대책은 마련해두자. 사회인에게 시간 엄수는 가장 기본적인 룰이다. 이런 간단한 룰조차 지키지 못한다고 생각해 버리면 부정적인 이미지를 가진 채로 면접을 보게 된다.

면접관이 '이 사람은 안 되겠군' 이라는 인상을 줘서는 절대 안 된다. 그렇다고 정작 지각했다면 어쩔 것인가?

그 때도 포기하지는 말자.

지각을 했으니 뭘 해도 안 되겠지 라고 생각하지 말고 최선의 대답을 하라. 혹시 그날 같이 온 면접자 중에 내가 가장 우수할 수도 있는 일 아닌가. 지각한 상황이 되었을 때는 반드시 전화를 하자. 그리고 지각하게 된 점을 충분히 사과하고, 그 이유와 현재 있는 장소, 도착가능한 시간과 허가를 받도록 할 것.

솔직하게 사과하는 편이 그렇지 않은 편보다 낫다.

17

작은 섬김이
면접을 성공시킨다

■ 필자가 읽은 책에서 감동을 받은 부분이 있어 여기 잠깐 옮기고자 한다. 젊은이들에게 주는 교훈이 주제인 이 책에서 우리가 연구하고 있는 면접 광경이 나온다.

외국 어느 유명한 선교 기관에서 선교사를 모집한다는 광고를 내자 많은 사람이 지원했다고 합니다. 면접을 실시하는 날, 이 선교기관의 면접 대기실에는 상당히 많은 사람들이 줄을 지어 앉아 있었습니다.

여러 사람들이 들락거리는 곳이라서 그런지 복도 곳곳에 신문 조각들이 흩어져 있고 지저분하기 짝이 없었는데, 이상한 것은 쓰레기통이 전혀 없었다는 점이었습니다. 대부분의 사람들은 조용히 앉아 기도하고 있거나 성경책을 읽고 있었고, 또 어떤 이들은 아는 사람과 이런 저런 이야기를 나누기도 했습니다. 그 때 초라한 옷차림의 한 여윈 사나이가 나타나 복도를 휘 둘러보고서는 한숨을 내 쉬더니 복도에 떨어진 휴지와 신문 조각들을 주웠습니다. 사람들은 아마도 선교기관 청소부거나 관계자인 것으로 생각했습니다.

그런데 막상 대기자 명단을 부르는데 그가 일어서는 것을 보고서야 지원자 중의 한 명인 것으로 판단되었습니다. 이 사나이는 복도에서 주운 쓰레기를 손에 들고 있다가 잠시 당황하더니 그대로 가지고 면접관실로 들어갔습니다.

잠시 후 사무실에서 관계자가 나오더니 이렇게 말했습니다.

"지금 들어가신 분이 선교사로 결정되었습니다."

사람들은 놀라서 웅성거렸습니다. 개중에는 그 사람의 학벌과 채용된 배경을 묻는 이도 있었습니다. 그러자 면접관이 이렇게 이야기했습니다.

"복도에 떨어진 쓰레기를 들고 면접관 앞에 나올 수 있는 사람이면 무슨 문제이든 가리지 않고 하나님 앞에 갖고 나갈 수 있을 것이라고 판단했기 때문"이라고 설명했습니다. 작은 일에 충성한 그의 자그마한 실천이 평생 바라던 일을 할 수 있게 만든 것입니다.

여러분은 어떠합니까? 주위에 작은 일부터 하나씩 여러분의 것으로 만드십시오. 그것이 여러분을 성공으로 이끄는 지름길이 될 것입니다.

나를 지켜보는 눈은 어디에나 있으며 누가 면접관인지 알 수가 없는 것이다. 보이지 않는 곳에서 섬기는 자세라면 회사도 기쁜 마음으로 여러분을 뽑게 될 것이다.

여학생들을 면접하고 나면 대답이 천편일률적이라는 느낌을 받곤 한다. 왜 그럴까? 필자는 그것이 지원자 자신의 솔직한 경험이나 직접적 경험을 글로 준비하지 않았기 때문이라고 생각한다. 어떤 대답이라도 진정성이 느껴져야 설득력이 있다. 그러므로 가장 기억에 남았던 것을 통해 자신의 성격과 적성을 말하는 것이 면접을 잘 하는 요령이다. 내가 겪었기 때문에 그리고 거기서 뭔가의 교훈을 얻었기 때문에 어떤 질문이 와도 막히지 않게 된다.

한편 학창시절 활동을 묻는 질문에 대해서 이런 일을 했다, 저런 것을 했다는 등 열거를 많이 해도 단어를 열거한다고 밖에 생각하지 않는다. 여기에서도 화제를 하나로 축약해서 구체적인 내용과 자신의 의견을 말하는 것이 가장 중요하다. 공부든 동아리 활동이든 간에 그 가운데서 얻은 것에 대해 말하고 대답을 정리한다. 이것도 미리 준비해야 익숙하게 답할 수 있다. 갑자기 대답하려고하면 뭐든지 당황하게 된다. 많은 경험 가운데 무엇에 대해 말할 지를 정하고 정확하게 대답하면 당신의 평가점수는 올라갈 것이다. 거의 100% 나오는 질문이라 해도 과언이 아닐 정도니까 사전에 무엇을 어떻게 이야기할지 생각해두자.

그 자리에서 '글쎄요'라고 망설이면 준비성이 부족하다는 것을 드러내는 것이다. 스스로 자랑할 수 있는 것을 찾아내어 철저하게 시뮬레이션으로 대답할 것을 준비하면 실제 면접에서도 구체적으로 설명하고, 거기에서 얻은 것을 요령 있게 전달할 수 있을 것이다.

18

3분 스피치, 요약해서 발표하는 **연습**이 필요하다

■ 개인 면접이든 집단 면접이든 나에게 기회가 와서 나 자신의 생각을 말하는 기회는 겨우 3분 남짓하다. 길어야 5분이다. 그러니 그 동안에 내가 생각하고 준비한 이야기를 잘 할 수 있어야 좋은 평가를 받게 되는 법이다.

말 잘하는 것도 참 큰 축복이라는 생각이 든다. 사회에 나가 보면 유난히 그런 생각이 더 들게 마련이다. 왜냐하면 사업에 대한 브리핑도 해야 하고, 업무 프리젠테이션도 하는 경우가 많기 때문이다. 하지만 그것은 어느 정도 숙련된 사원들 이야기이고, 면접에 나서는 여대생들이 할 수 있는 발표력에는 한계가 있다. 그러나 개중에는 발군의 실력으로 자신의 의견을 똑 부러지게 발표하는 학생들도 있다.

이 차이는 어디서 비롯된 것일까? 그것은 연습의 차이에서 시작된다고 할 수 있다. 많이 해 본 사람이 그렇지 않은 사람보다 잘 하는 법이다.

지금 이 글을 읽고 있는 분들 가운데 남들 앞에 서기만 하면 가슴이 답답해지고 얼굴이 붉어져서, 표현하려는 것을 제대로 못하시는 분이 있는가? 사회생활을 함에 있어 이런 문제가 있다면 이 여학생은 사실 직장생활에서 치명적 결함을 가진 셈이다.

무엇보다도 자신의 일을 소개하고, 자신이 어떤 사람인지, 또 무슨 일을 어떻게 하고 있으며, 어떻게 할 것인지를 제대로 소개할 수 있어야 하는데, 그것이 안 된다면 몹시 갑갑한 일이 아닐 수 없다.

그러므로 발표력이 떨어지는 여학생이라면, 우선 입에 볼펜을 물고, 거울을 보고, 뉴스 기사를 똑바로 읽는 훈련부터 해야 한다. 이것을 반복하면 놀랄 만큼 발음이 똑바로 되고, 어느 새 자신의 어조가 정확 간결해지고 있는 것을 느낄 수 있을 것이다.

그 다음에는 하고 싶은 내용을 정리해서 그것을 가족들 앞에서, 친구들 앞에서 발표하는 훈련을 해야 한다.

캠코더로 찍든지 휴대폰 동영상으로 찍어서 한 번 자세히 살펴보라. 자신의 약점을 알아챌 수 있을 것이다. 이것을 반복하면 적어도 수 개월 내에 자신의 단점을 고칠 수 있다. 주어진 시간은 단 3분이다. 그 안에 발표하는 노력을 기울여야 내가 돋보이는 면접을 행할 수 있다.

면접 당일,
긴장이 모든 일을 망친다

■ 누구나 긴장한다. 그러나 누구는 긴장하면서도 할 말을 하고 누구는 긴장하여서 제대로 할 말도 하지 못한 채 모든 것을 망친다.

사실 이 글을 읽는 독자만의 이야기가 아니다. 면접이 아니라도 중요한 인터뷰는 생애 곳곳에서 우리를 긴장시킨다. 그러므로 누구나 긴장하는 게 당연하다는 식으로 생각하고 담담하게 맞서야 한다.

"저는 면접 인터뷰를 들어가자마자 심사관의 얼굴을 보고 금방 얼어버려서 뭐라고 말했는지, 어떻게 했는지 도무지 기억이 나지 않아요."

이런 사람들이 의외로 수두룩하다. 이것은 첫째는 준비 부족이고, 둘째는 자신감 부족이다.

첫째 문제점은 준비를 충분히 하면 해결할 수 있는 것이고, 둘째 문제는 연습과 시뮬레이션으로 해결할 수 있다.

면접 전날은 수면을 정상적으로 취하라. 너무 일찍 자거나 늦게 자는 것이 오히려 방해가 된다. 하던 대로 하면 된다. 일어나는 시간도 무리하지 말고 적당히 일찍 일어나 반드시 아침식사를 마치고, 화장실 갈 일도 충분히 마치는 것이 중요하다. 조간신문을 읽는 것은 기본이다. 면접관 가운데는 꼭 아침 뉴스를 읽었느냐고 물어보는 이들이 있기 때문이다. 톱 뉴스 정도는 반드시 읽어보고 갈 것. 그랬다가 TV 뉴스 이야기를 물어보더라도 신문은 봤다고 대답할 수 있으면 되는 것이다.

둘째, 지원동기를 확실히 기억하고, 다른 대답은 중요 사안만 메모장에 써서 가지고 가면 좋다. 어떻게 대답할 것인지를 정리해 둔 것이라 다음에 써 먹기에도 좋다.

셋째, 면접 대기 장소도 점검받는 곳 가운데 하나이다. 어떤 기업은 면접 대기실에 카메라를 설치하고 나서 대기자들의 모습을 관찰하는 곳도 있다고 한다. 시간이 다가올수록 초조한 것은 당연하나 여유를 가지고 행동하는 것이 좋다.

대기실에서는 준비해 간 잡지나 신문, 답변 요령 등을 읽으면서 침착하게 가라앉히도록 한다. 대기실에 들어서는 순간 휴대폰을 꺼놓도록 한다. 면접에 들어가면 자기 이름을 자신 있는 큰 목소리로 정확하게 천천히 발음을 하면 의외로 기분이 차분해진다.

면접이 끝났다고
세상이 **끝나지 않는다**

■ 이건 크게 두 가지 경우를 이야기하는 것이다. 처음은 떨어졌을 때의 반응이다. 한 번 두 번 떨어지기 시작하면서 모든 일에 자신을 잃는 것이 첫째요, 둘째는 면접을 아예 포기하는 것이다.

과연 그래야 할까?

지금 대학을 졸업하고 취업하는데 평균 10개월이 소요된다고 한다. 그만큼 취업이 어렵다. 그러나 기다리면서 꾸준히 준비할 일이지 포기할 필요는 없는 것이다. 자신감을 잃을 필요도 없다. 그 회사가 나를 선택해 주지 않는 것뿐이다.

이 지구상에 나를 필요로 하는 회사는 얼마든지 있는 법이다. 문제는 포기하고 굴복하는 것이다. 그것만큼 나쁜 일은 없다. 포기하느니 다시 시작하라. 절대 물러서지 말라.

그러기 위해서는 결심과 실행이 필요하다. 먼저 채용을 해 주지 않은 회사에 대해 인사하라. 뽑아주지 않는 데 대한 섭섭함도 있을 수 있지만, 그것은 나중 문제고 먼저 그들과 인연을 끊지 않고 이어두는 것이다. 즉, 채용 담당자에게 감사의 e메일을 보내고 자신을 다시 기억시켜 두는 방법이다.

<관련 감사 e메일의 예>

○○○ 회사 인사담당 부장님께

이번 채용 시험에서 애석하게 불합격한 ○○○(XX 파트 지원, 수험번호 1256)입니다.

부장님께 감사 인사를 드립니다.

꼭 귀사에 입사해 일을 하고 싶었지만 어쩔 수 없게 되었습니다. 솔직히 제 자신이 부족하다고 느끼기 때문에 더 노력하라는 말씀으로 알고 배전의 노력을 기울일 생각입니다.

그럼에도 다음에라도 혹시 저와 같은 사람을 쓸 기회가 있으시면 잊지 마시고 불러 주시면 최선을 다하여 보답하겠습니다.

안녕히 계십시오.

이런 감사 e메일을 보내는 이유는 사실 앞서 지원하였다가 합격한 이들 가운데 입사하지 않는 사람들이 있기 때문이다. 그럴 경우 '저를 불러 주세요' 하고 부탁하는 것이다.

혹시 아는가? 사람은 언제나 유비무환의 자세를 가져야 한다.

면접의 종류

1. 1:1 면접

1:1 면접은 구직자 대 기업이 1:1로 만나는 상황을 말한다. 이 면접에는 구직자 1명 당 면접관이 한 명 혹은 3~4명이 붙는 패턴이다.

이 면접은 면접관이 당신을 천천히 관찰할 수 있다는 것이 특징이다. 그리고 당신은 다른 학생을 의식할 필요가 없기 때문에 가장 떨릴 수도 있지만 가장 편할 수도 있는 패턴이다.

2부에서 소개할 답변방법을 참고로 해서 솔직하게 답하는 것이 최선책이다. 단, 일대일 면접이기 때문에 마음을 놓아서는 절대 안 된다는 것이다. 면접관이 친근한 태도로 말을 한다고 해서 자신도 모르게 여학생 시절 쓰는 말로 쉽게 대답하거나, 하지 않아도 될 말까지 말하는 경우를 조심할 것.

반대로 질문을 받을 때마다 곤란한 표정이나 포기할 것 같은 표정, 어려운 얼굴을 하면서 '이상한 면접관을 만나 이거 운이 안 좋네' 하는 얼굴을 보이는 것은 절대 금물이다. 면접관은 나름대로의 경험과 사람을 보는 시각이 있는 법이다. 면접관은 한 명이라도 그 사람은 기업의 눈으로서 당신을 본다는 점을 잊지 말라.

면접관이 곧 사장이라는 생각으로 대표와 이야기를 하고 있다는 자세로 시종일관 진지하게 할 것을 권한다. 1대1이라는 커뮤니케이션 방식에서 쉽게 취할 수 있는 장점을 살려서 너무 딱딱해지지 않도록 하고, 밝은 이미지로 활발한 대화를 하도록 신경 쓰는 것이 좋겠다. 그리고 면접관이 여러 명일 경우, 질문하는 면접관에 시선을 맞추는 것이 중요하다.

1:1 면접은 시간상으로는 대개 10분에서 30분 정도 걸리는데 순발력을 체크하기 위해 엉뚱한 질문을 던질 수도 있으니 긴장을 늦추지 말 것.

2. 그룹면접

면접 패턴 두 번째는 그룹면접이다. 집단면접이라고 부르기도 한다. 여러 구직자를 대상으로 여러 면접관이 실시하는 형태이다.

면접관 수는 제쳐두고 구직자 수가 여럿이라는 것 때문에 경쟁자를 의식하여야 한다는 점에서 개인적으로 느끼는 부담감이 크게 다를 것이다. 사람에 따라 부담감을 덜 느끼는 사람도 있고, 저 사람보다 대답을 잘 못 하면 어떻게 하나 싶어서 더 큰 부담감을 느끼는 사람도 있다.

이 형식의 면접은 적극적으로 발언을 하지 않으면 인상에 남지 않고 손해를 본다는 점이다. 첫 번째 면접이 끝났을 때 면접관이 '저 여학생은 무슨 말을 했지?' 한다면 그 면접은 일단 실패한 것으로 봐야 한다.

하지만 적극성을 의식한 나머지 자기주장을 너무 강하게 하는 것도 문제다. 균형적인 인상, 그러나 그 중에서 똑 부러지게 자기주장을 펴는 것이 정답이다. 물론 어려운 이야기다. 너무 나선다는 인상을 주지 않으면서 똑 부러지게 자기주장을 하는 방법은 무엇일까?

우선 자신감이다. 남을 의식하다보면 "다른 학생은 어떻게 생각할지 모르지만, 어쨌든 저는 이렇게 생각합니다만…"이라는 식으로 대답하면 감점 요인이 된다. 남이 뭐라 든 내 식으로 대답하는 것이 중요하다. 단, 내 식이라도 결론을 먼저 내리고 대답하는 방법이 훨씬 인상적이다.

"저는 이 문제를 이렇게 생각합니다."

장황한 수식어가 결론을 흐리게 할 수 있기 때문이다.

다른 여학생이 A로 승부한다면 나는 B라는 방법으로 승부하면 된다. 자연스럽게 호감도를 높일 수 있는 태도로 자신만의 개성을 살릴 수 있으면 만점이다. 이 그룹면접은 시간적으로는 대개 30분에서 1시간 정도인데 주위와의 협조성을 보는 기업도 있으므로 다른 경쟁자들과 좋은 관계를 유지하는 것이 좋겠다.

3. 그룹토론

그룹면접과 다른 점은 피 면접자들끼리 이야기를 하게 하면서 토론 상황을 살펴 면접을 진행하는 방식이라는 점이다. 따라서 이 면접 후에 다시 개인 면접을 하는 경우도 있다.

이런 식의 토론면접에는 사회자가 구직자인 경우와 면접관인 경우가 있고, 사회자가 토론에 참가할 수 없는 경우와 토론에 적극 참여하여 진행역할을 하는 경우 등 다양하다.

보통은 면접관이 전혀 토론에 참가하지 않고, 하나의 주제를 가지고 여러 구직자들이 토론을 하는 패턴이 일반적이다. 이 경우 사회자를 구직자 가운데서 선출하여 토론을 이끌어 가도록 하고, 사회자도 발언할 기회를 갖고 진행자적인 역할을 하도록 한다. 구직자 중 1명이 사회자가 되는 경우 대개 적극적인 사람이 선출되는데, 사회자로 선출된 것만으로도 리더십에서 높은 평가를 받을 수 있다. 그러나 자칫 진행이 미숙하거나 자신의 발언 기회를 얻지 못해서 자신의 의견표명을 적극적으로 하지 못하는 경우나, 결론을 이끌어 내지 못할 경우에는 좋은 평가를 받지 못할 수도 있다. 그리고 사회자는 경우에 따라서는 토론 도중에 바꿀 수도 있다.

토론이 잘 이루어지지 않을 때는 면접관 1명이 사회자를 맡아 주제에 대해 질문을 던지고, 발언을 원하는 구직자는 지명을 기다리다 자유롭게 의견을 말하도록 하는 경우도 있다. 구직자들끼리 의견을 주고받거나 면접담당자와 토론을 할 수도 있다.

이 패턴에서는 학생의 발언능력과 협조성, 리더십 등이 다른 패턴의 면접과 비교해서 상당히 구체적으로 드러난다. 면접은 면접관에게 강한 인상을 남기는 것이 기본인데, 이 패턴의 경우에는 자신을 어필하는 것만을 생각하다보면 자기주장이 강하고 전체 페이스를 파악하지 못하는 마이너스의 인상을 초래할 수 있다.

역시 전체와의 조화와 균형을 생각해야 한다는 것이다. 말을 많이 하는 것이 적극적으로 보인다고 생각하기 쉬우나 반드시 그렇지만은 않다.

　듣는 태도도 중요하다. 다른 사람의 의견을 존중하면서도 주제에 대한 자신의 발언을 정확히 해야 한다. 다만 옳은 발언인지 아닌지 이상으로 논리적으로 전개되는지의 여부, 다른 사람의 의견을 제대로 들은 후에 발언을 하는지 여부가 면접평가의 초점이 된다는 것을 의식하도록 하자.

　주의사항으로는 (1) 전체의 흐름을 파악하기 위해서는 메모 할 것. (2) 침착한 태도로 발언을 할 것. (3) 어떤 사람이 말한 의견에 대해서 자신의 의견을 말할 때에는 그 사람 쪽을 보면서 말을 할 것 등이다.

　그룹토론은 시간상으로는 대개 45분에서 1시간 반, 좀 길면 2시간 정도이다. 시간이 길기 때문에 화장실 다녀오는 문제, 쉬는 문제, 집중도를 보여주는 문제, 하품에 기지개를 켜는 것까지 세심하게 신경 써야 한다.

면접의 순서도

면접에는 대기실에서부터 실제 면접, 종료까지의 순서가 있다.

❶ 대기실에서 담당자가 면접시험에 대하여 설명을 하고, 자신의 순서가 올 때까지 대기한다.

❷ 자신의 이름이 호명되면 면접실로 들어간다.

❸ 면접실 입구에서 가볍게 인사를 하고, 정면에 보이는 자리로 이동해 다시 한 번 인사한다.

④ 수험번호와 이름을 말하고 면접관
의 지시에 따라 착석한다.

⑤ 솔직하고 진지하게 면접을 본다.
무엇보다 자신감이 중요하다.

⑥ 기립해서 다시 한 번 인사한 후,
문 쪽으로 이동 후 다시 인사를
하고 퇴실한다.

포인트!! 예쁘게 보여서 손해 볼 것 없다!

2부

면접관들이
자주 묻는 질문
52가지

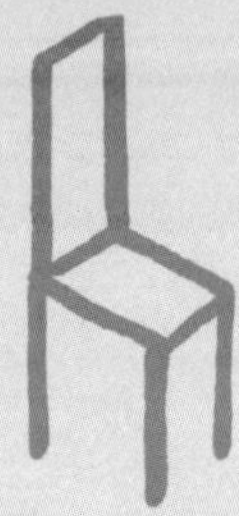

1

나를 팔아
회사를 사라

당신의 **장점**과 **단점**을
솔직히 이야기해 주십시오

Point

단점을 잘 포장하면 장점이 된다. 부족한 것보다 잘 하는 것을 강조하라.

성공한 답변

저는 어떤 일에 대해서도 긍정적인 점이 장점입니다. 모든 일을 낙천적으로 생각하기 때문에 어려움이 닥쳐도 이겨내는 배짱과 특별한 정신력을 내세울 수 있습니다. 물론 하나의 결론을 내기 위하여 착실히 정보를 모으는 등의 섬세함이나 꼼꼼함도 갖추고 있습니다. 장점이라고 생각합니다. 다만 섬세하다보니 한 가지 일을 철저하게 하지 않으면 만족하지 못하는 단점이 있습니다. 하지만 섬세한 것 때문에 피해를 보기보다 득을 본 적이 더 많았습니다.

저의 단점은 좀 게으르다는 것입니다. 언제나 밝고, 실패를 해도 좌절하지 않는 반면에 너무 지나치게 낙관적이어서 한 가지 일에 오래 집중하지 못하고 금방 식어버리는 점은 단점이라고 생각합니다.

> **○ 문제점**
> 쓸데없이 겸손한 척하며 '게으르다'는 표현을 쓴 점이 문제다. 또 '너무 지나치게 낙관적'이란 말도 문제다. 성공한 답변과 실패한 답변의 차이가 보이는가? 그게 보이지 않는다면 정말 문제다.

적용연습

년   월   일

준비된 상태에서의 대답	문제점과 개선책

※ 위 질문에 대한 자신만의 대답을 준비가 다 된 상태라고 판단하시면 모범답안에 쓰십시오. 이런 과정을 두 세 번 정도 되풀이하면 완벽한 답안을 만들 수 있을 것입니다.

당신의 취미는 무엇입니까?

Point

취미가 장기가 되고 특기가 되어 돈을 벌게 한다면???

성공한 답변

십자수입니다(수영, 승마, 볼링, 태권도, 바둑 얼마든지 가능하다). 고등학교 시절부터 틈날 때마다 머리를 식힐 겸 해 왔는데 이제 웬만한 경지에 이르러 가끔씩 십자수 가게에서 제게 아르바이트 거리를 주기도 합니다. 얼마전 어머님 생신에 십자수 가게서 번 돈으로 금반지를 해 드린 적이 있습니다. 제가 참여하는 동아리 친구들은 다 제가 해 준 십자수 목걸이를 하고 다닙니다.

실패한 답변

특별하게 좋아한다기보다… 독서를 즐겨합니다. 특히 판타지 소설을 좋아합니다. 친구들과는 사진 찍는 것을 좋아해서 주말마다 다니기도 합니다. 영화도 자주 보러 가는 데 영화도 판타지 쪽을 좋아합니다. 영화도 사진도 모두 판타지물에 관심이 있습니다.

◑ 문제점
판타지에 대해서는 일관된 측면이 있지만, 이것도 저것도 다 한다는 인상을 심어 주기 때문에 산만하다는 판단을 주기 쉽다. 한 가지 잘 하는 일에 집중하여 말하자. 취미가 장기가 되고 그것이 또 재테크에도 도움을 주고 있다고 한다면 금상첨화가 아닌가.

적용연습   년   월   일

준비된 상태에서의 대답	문제점과 개선책

※ 위 질문에 대한 자신만의 대답을 준비가 다 된 상태라고 판단하시면 모범답안에 쓰십시오. 이런 과정을 두 세 번 정도 되풀이하면 완벽한 답안을 만들 수 있을 것입니다.

당신의 **장래의 희망**,
즉 **꿈**은 무엇입니까?

Point

여러 가지가 있을 수 있겠지만 이 질문은 당신의 가능성을 보자는 것이다. 그러니 당찬 모습을 보이는 것이 어떨지…

성공한 답변

아직까지 우리 사회는 여성들의 자세가 수동적인 편이라고 생각하고 있습니다. 그러나 저는 삶에 끌려 다니기보다 적극적으로 개척하는 자세로 살아가고자 합니다. 저는 이 회사에서 성공한 여성 경영자가 되겠다는 것이 제 꿈입니다. 아직까지 이 회사에서 한 명의 여성 경영자나 CEO가 나오지 않았다고 들었습니다. 그러나 앞으로는 달라질 것이라고 생각합니다. 제게 맡겨주신 일을 열심히 공부하고, 다양한 분야의 경험을 통해 직무를 연구해서 최고경영자까지 진급하여 당당하게 일하는 것이 제 꿈입니다.

현모양처가 제 꿈입니다. 여성은 언젠가 결혼하게 되면 훌륭한 내조가 되어야 한다고 생각합니다. 어느 정도 직장 생활을 하고 난 다음 가정을 꾸리고 여가도 즐기면서 자신을 갈고 닦을 수 있으면 합니다.

○ 문제점

옛날 같으면 백점 만점짜리 면접이다. 그러나 이제는 세상이 달라졌다. 우선 대답이 너무 막연하다. 그리고 면접관들은 이렇게 생각할 것이다. "우리 회사가 시집 보내주는 관문이란 말인가?" 또 여가에 대해 말하면 '놀고 싶다며 회사 일을 어떻게?' 라는 오해를 부를 수 있다. 속생각은 어떠하더라도 그만 둔다는 식이나 결혼 후의 퇴직 이야기를 들먹이면 100% 아웃될 확률이 높다.

적용연습

년   월   일

준비된 상태에서의 대답	문제점과 개선책

당신의 좌우명을
간략하게 설명해 보십시오

Point

자칫하면 이상적인 이야기만 하다가 장황해질 수 있다. 간략하게 그러나 핵심을 이야기하라. 면접관들이 고개를 끄덕일 수 있는 구체적인 내용을 선택하라.

성공한 답변

저는 의타심을 버리고 다른 사람에게 의지하지 않고 자립하자는 것을 좌우명으로 생각하고 살아왔습니다.

저는 대학생활동안 등산 동아리에서 활동해 왔는데, 험한 산악을 한 걸음 한 걸음 올라갈 때는 힘들다고 생각하면서도 정상에 올랐을 때 큰 기쁨과 보람을 느끼며곤 했습니다. 작은 어려움에 굴복하지 말고 홀로 버텨내는 훈련을 계속 해 온 결과 독립심이 강하다는 평가를 주변으로부터 들어왔습니다. 그렇게 남을 의지하지 않고 열심히 노력한 후의 성과의 기쁨은 그만큼 크다고 생각합니다.

부족한 답변

저는 복잡다단한 현실세계에서 자신을 되찾고 '느리고 천천히'라는 다소 복고적인 성향을 띠며 살고자 합니다. 모든 것이 스피디하게 돌아가는 세상이기 때문에 사람들은 환경에 끌려 다니며 자신을 돌아보지 못하는 문제점을 안고 삽니다. 저는 그럴수록 자신을 되돌아보며 인간의 소명이 무엇인지를 생각하며 살아야 한다고 느낍니다.

실패한 답변

제 좌우명은 성실입니다. 특히 시간 활용을 소중히 하자는 것입니다. 휴일이나 일이 없는 날 집에 있으면서 빈둥거리는 것을 저는 싫어합니다. 그러다가 아무것도 하지 않았을 때에는, 밤이 되면 좀 더 이것저것 할 수 있었는데 하며 반성하곤 합니다.

같은 시간이라면 그만큼 유익하게 사용하는 것이 자신의 생활을 풍요롭게 하는 것이라고 생각합니다. 성실한 자세는 그런 빈둥거리는 것을 싫어하는 것이라고 생각하기에 소중한 시간을 잘 활용하는 것을 곧 성실로 생각하고 제 좌우명으로 삼고 있습니다.

적용연습　　　　　　　　　　　　　　년　　월　　일

준비된 상태에서의 대답	문제점과 개선책

※ 위 질문에 대한 자신만의 대답을 준비가 다 된 상태라고 판단하시면 모범답안에 쓰십시오. 이런 과정을 두 세 번 정도 되풀이하면 완벽한 답안을 만들 수 있을 것입니다.

주위 사람들은 **당신을** 어떻게 보는지,
남들이 보는 시각을 설명해 보십시오

Point

내가 하는 표현이 객관적이라고 생각하게 만들라. 사람들의 의견으로서 객관적인 말로 자신의 장점을 강조하는 것이 중요하다. 구체적인 증거를 제시하면 더 좋겠다. 이왕이면 공신력 있는 기관이나 인물의 평가를 덧붙이면 유익하다.

성공한 답변

저는 행동력이 있고 성신력이 강하나는 소리를 듣습니다. 실제로 연극 동아리에서 대학연극제에 출전했을 때 기획을 맡아 열심히 했습니다. 자금 조달과 서포트 단체 섭외, 연극단원 식사 제공, 포스터 제작과 티켓 수배까지 안 하는 일 없이 다 했더니 단원들이 다 좋아해 주었고, 나중에 대학연극제 시상식 때 대학 학장님께서 저의 연극팀 이야기를 하시면서 "기획이 아주 부지런히 뛰어 다녀 연극이 더 빛났다"

고 칭찬해 주셨습니다. 그 결과 3학년, 4학년 때 외부 장학금을 받도록 주선해 주셨고, 그래서 비싼 학교 등록금을 어느 정도 해결할 수 있었습니다.

실패한 답변

저는 자기주장이 강하다는 소리를 듣곤 합니다. 한 번 마음먹으면 무슨 반대가 있어도 강행한다는 평가를 받고 있습니다. 저는 일을 할 때 그래서 '자기 멋대로'라는 비판의 소리를 듣기도 하지만 결코 구애받지 않고 열심히 밀어붙이는 성격입니다. 저는 제 주관이 뚜렷하다고 생각하며, 그것이 이 험한 세상을 살아가는데 도움이 될 것이라고 판단합니다.

◐ 문제점

진짜라 해도 마이너스가 될 만한 것은 조심해서 이야기해야 한다. 부정적인 이야기는 가급적 피해야 하며 면접관들도 이 부분은 감안해서 듣기 마련이다. 그런데 앞에서 성공한 답변은 대학 학장이라는 인물의 이야기를 통해 자신을 비쳐준 데 반해 여기서는 자기변호를 스스로 하고 있고 고집이 세다는 이미지를 주고 있다. 기업은 팀 내 화합과 조화가 대단히 중요하다. 독불장군이라는 인식을 자칫 주게 되면 문제가 있는 것이다. 만약 부정적 답변을 하여야 할 때라면 그것을 인식하고 있으며, 어떻게 극복해 가려고 노력하는지에 대해 설명하는 것이 훨씬 유익하다.

준비된 상태에서의 대답	문제점과 개선책

※ 위 질문에 대한 자신만의 대답을 준비가 다 된 상태라고 판단하시면 모범답안에 쓰십시오. 이런 과정을 두 세 번 정도 되풀이하면 완벽한 답안을 만들 수 있을 것입니다.

Question 6

자신의 결점을 극복하기 위해
어떤 노력을 하고 있습니까?

Point

결점 없는 사람은 없다. 그러나 결점을 극복하기 위한 노력은 노력하는 자세만으로도 가산점으로 연결된다. 면접관이 알고 싶어 하는 것은 바로 이것이다.

성공한 답변

저는 낯가림을… 많이 하고 말도 다소… 더듬는 경향이… 있습니다. 중학교 시절에는 아예 우울증이… 걸릴 정도였습니다. 그런데 고등학교 때부터 사람들이… 모인 광장이나 시장 한 복판에서 큰 소리로 이야기하면서 제 말 더듬는 것을 고치려고… 노력했습니다. 그래서 지금은 좀 서툴지만 하고 싶은 말을 하게… 되었습니다. 지금도 저는 많은 고객 분들과 대화해야 하는 대형 마트 안내 팀에서 아르바이트를 하며… 더 많은 이야기를 하려고… 노력하고 있습니다.

(이 면접자는 실제 이러한 노력으로 합격하여 지금 작은 백화점에서 일하고 있다. 그가 정말 진지하게 답변하자 면접관이 계속해서 물었다.

"혹시 존경하는 사람이 누구죠?"

"저는… 한비자를 존경합니다. 전국 시대에 말더듬는 사상가이자… 학자이던 그가 열심히 노력해서… 진시황제의 참모가 되었다고 들었습니다. 저는 그런 인물이… 되고 싶습니다."

이 대답이 면접관들의 마음을 움직였다. 말을 더듬으면서 여기까지 노력한 그에게 점수를 후하게 준 것이었다.)

실패한 답변

저는 시사문제에 약해서 매일 신문 1면을 꼼꼼히 읽곤 했는데 생각만큼 잘 되는 것은 아니었습니다. 하지만 시사상식 책을 읽고 조금 나아졌습니다. 학교 시절에 사회과목 선생님을 싫어해서 잘 듣지 않았던 것이 그 원인이라고 생각하고 반성하고 있습니다.

저는 한 번 싫어지면 계속 해서 잘 안 보려는 습관이 있었습니다. 고치려고 노력하고 있습니다. 그래서 처음엔 세계동향 등에 대해서는 제대로 이해를 못했지만, 매일 신문 읽는 습관을 들이고 난 후 시야가 넓어졌다고 생각합니다.

적용연습

년　　월　　일

준비된 상태에서의 대답	문제점과 개선책

※ 위 질문에 대한 자신만의 대답을 준비가 다 된 상태라고 판단하시면 모범답안에 쓰십시오. 이런 과정을 두 세 번 정도 되풀이하면 완벽한 답안을 만들 수 있을 것입니다.

Question

당신은 **상상력**과 **창조력**이 있다고 생각합니까?

📍 Point

차별화가 대단히 중요하다. 내가 가진 것이 남을 이길 수 있는 것이 아니면 말을 꺼내는 것조차 부담스럽다. 지금까지 살아온 과정에 그런 창조성 넘치는 것이나, 상상력을 발휘해 돋보였다는 사례를 구체적으로 설명하는 것이 과제. 그런 것이 없을 경우라면 차라리 미리부터라도 만들어 두는 것이 상책이다.

성공한 답변

저는 기획자로 불리는 것을 좋아하는 편입니다. 대학 동아리의 로고송과 포스터 디자인도 제 아이디어가 채택되어 제작되었습니다. 또 전국 컴퓨터 동아리 아이디어 경쟁대회에서도 입상한 적이 있습니다.

서클 신입생환영회 파티나 크리스마스 파티 등 친구들이 모이는 자리에서 새로운 게임을 생각해내는 것은 거의 제게 맡겨집니다. 특히 아무 것도 없는 막막한 상황에서도 뭔가를 만들어 내는 것을 좋아합니다. 한 광고기획사가 주최한 휴대폰 이름 짓기 대회에서도 장려상을 받은 적이 있었습니다. 그 당시 제가 이름을 붙인 휴대폰이 많이 팔리진 않았지만 제겐 큰 보람이 되었습니다. 게임 같은 것도 제 생각을 이야기하면 친구들이 직접 게임을 해보고 평을 좋게 내려주는 경우가 많습니다.

비켜간 답변

저는 상상력이 빈곤하지는 않지만 톡톡 튀는 정도도 아닙니다. 저는 주로 분석하고 분해하는 것을 좋아합니다. 새로운 것을 만드는 것보다 있는 것을 해체하고, 그 원인과 결과물을 대조해 보는 노력을 계속하는 편입니다.

예를 들자면 새로 들여온 책상과 가구를 어떻게 배치하는가보다 기존의 책상과 서랍을 사용하기 편리하게 배치한다든가, 주변 수납공간을 잘 활용하는 방안을 고안하는 것을 하려고 하는 편입니다.

어떤 옷을 살까 고민하기보다는 있는 옷을 어떻게 하면 매칭 시켜 멋있게 입을 수 있나 하고 고민하는 편이며, 아이디어를 내기보다 내놓은 아이디어를 분석하고 해체하는 것을 더 좋아하는 편입니다.

적용연습 년   월   일

준비된 상태에서의 대답	문제점과 개선책

※ 위 질문에 대한 자신만의 대답을 준비가 다 된 상태라고 판단하시면 모범답안에 쓰
십시오. 이런 과정을 두 세 번 정도 되풀이하면 완벽한 답안을 만들 수 있을 것입니다.

여자대학을 골라 간 이유가
특별히 있습니까?

Point

면접관들이 흔들어 보는 것에 속지 말 것. 여기서 남녀 차별적 생각이나 공정한 경쟁을 피했다는 인상을 심어주면 곤란하다.

성공한 답변

남녀공학에는 제가 가고 싶은 의상학과가 없었기 때문에 여대에 진학했습니다. 고등학교 시절부터 패션 의류 전문가가 되고 싶은 생각이 있었습니다. 멋진 스타일리스트가 되려면 당연히 저희 대학 의상학과가 단연 으뜸이었기 때문에 입학한 것입니다. 그래서 대학에서는 의상 디자인 동아리에도 가입해서 예쁘고 보기 좋은 옷을 만들어 보기도 했습니다.

(여대진학 이유를 묻는 질문에 가장 설득력이 있는 방법은 여자 대

학에만 있는 학과를 가고 싶었다고 답하는 것이다. 만일 남녀공학에도 학과가 있을 경우에는 방법을 바꿀 것. 예를 들자면 저희 대학에 계신 교수님께서 고교 시절 학교에 오셔서 특강을 하신 적이 있었는데 그 모습이 너무 예쁘고 존경스러워 꼭 이 학교에 입학하겠다고 마음먹었다는 식으로 대답하는 것도 좋을 듯하다.)

실패, 혹은 소극적인 답변

저희 어머니가 이 여대 출신으로 모녀가 함께 같은 학교를 나오는 것을 적극적으로 권유하셔서 제1지망으로 했습니다. 자유로운 교풍 속에서 학문에 집중할 수 있는 점과 남성에게 의존하지 않고 자립심을 키울 수 있는 점에서 이 여대에 진학을 했는데 아주 잘 했다고 생각합니다. 제 주변에선 남녀공학에 진학했다가 후회하는 친구들이 몇몇 있습니다.

◑ 문제점

언니가 권했다거나 어머니, 혹은 다른 누가 권했다는 식의 답변은 거슬리지는 않지만 뭔가 좀 소극적이라는 인상을 심어줄 수 있다. 좀 더 적극적으로 면접에 임할 생각이라면 치고 나가는 방법이 훨씬 득점에 도움을 줄 것이다. 친지가 정말 권해서 간 것이라면 솔직히 말하되, 들어와서 얼마나 그 전공이 흡족하고 마음에 들었는지를 자세하게 설명하는 것도 괜찮은 방법일 것이다.

준비된 상태에서의 대답	문제점과 개선책

※ 위 질문에 대한 자신만의 대답을 준비가 다 된 상태라고 판단하시면 모범답안에 쓰십시오. 이런 과정을 두 세 번 정도 되풀이하면 완벽한 답안을 만들 수 있을 것입니다.

Question 9

현재의 전공(복수전공)을
선택한 이유는 무엇입니까?

Point

전공을 선택할 때의 동기와 함께 거기서 얻은 실력을 보여주는 것이 최고. 복수전공의 경우 자칫 초점을 흔들 수 있다는 점에서 둘 다 할 수 있을 만큼의 실력자라는 것을 강조하고, 기업에서 이 두 가지 전공을 함께 활용해 좋은 결과를 얻어낼 수 있다고 강조하는 방법이 좋을 듯.

성공한 답변

학창 시절 감명 깊게 읽었던 괴테의 작품들을 접하고는 독어독문학과를 선택했습니다. 셰익스피어와 함께 유럽의 문학을 대표하는 괴테를 몸으로 느껴보기 위해 배낭여행 때 프랑크푸르트에 있는 괴테 하우스도 가 봤고 로테 문학관도 다녀왔습니다. 스스로 독일어를 배워서 독일 문학의 정수를 맛보고 싶었습니다. 학생시절에는 어찌됐든 책을 많이 읽는 것에 집중했습니다. 지금은 소설은 물론 경제기사 등도 읽고 해서 독일 전문가가 되어 가고 있다고 생각합니다.

　(진학 동기, 진학 후의 공부방법이 구체적으로 나타나 있어서 설득력이 있다. 영어실력을 특기로 내세우는 사람이 많지만 제2외국어를 제대로 구사하는 것은 큰 장점이라고 하겠다.)

실패한 답변

　제가 전공한 학과가 저의 실력에 맞아서 어쩔 수 없이 선택했는데, 학교에 입학하고 나서 전공을 열심히 공부했습니다. 그 결과 독일어에 대한 어느 정도의 실력을 갖추게 되었습니다. 독일어로 신문을 읽고 대화하는 정도는 가능합니다.

◐ 문제점

많은 경우 사실은 대학 전공을 성적에 맞춰 가는 것이 현실이다. 그러나 대답은 그 현실을 그대로 적용하는 것이 뭔가 좀 께름칙하다. 다소간의 화장이 필요한 것이다. 현실은 독어독문과에 성적 때문에 갔고, 그것을 고백도 했지만 독일어를 선택한 다음에 많은 혜택을 누리게 되었다는 식으로 돌려 이야기할 수 있으면 좋다. 면접관은 지식의 유무 이상으로 당신의 적성을 알고 싶어 한다. 또한 이 답변에서는 진짜로 독일어 실력이 어느 정도인지 의문점이 생겨 2차 3차 질문을 하게 만든다.

년   월   일

준비된 상태에서의 대답	문제점과 개선책

※ 위 질문에 대한 자신만의 대답을 준비가 다 된 상태라고 판단하시면 모범답안에 쓰십시오. 이런 과정을 두 세 번 정도 되풀이하면 완벽한 답안을 만들 수 있을 것입니다.

자신에 대해
1분간 소개를 해 주십시오.
당신은 어떤 사람입니까?

Point

인물론을 이야기하는 것이 아니다. 이 기업에 내가 어떤 인물로 활용될 수 있을지를 물어보자는 것이다. 그러므로 요점을 정리해서 요령 있게 자신감을 나타내되, 자신이 회사에 꼭 필요한 인물이라는 점을 강조하는 것이 중요하다.

성공한 답변

저는 스포츠를 좋아해서 학창시절 축구팀에 가입했습니다. 축구는 팀워크 경기입니다. 2년 전 대학 아마추어 축구대회 준결승까지 진출한 적이 있었는데, 여기에서 한 명 한 명의 땀방울과 노력이 얼마나 소중한지를 깨달았고, 팀워크의 중요함과 동료애에 대한 깊은 경험을 나누었습니다. 저는 대학 3학년 때 이 대회를 통해 조직과 전체를 보는 시각을 배웠기에 조화와 화합, 전체 가운데 개인의 의식을 확실하게 익힌 사람이라고 자신합니다. 저는 체력에도 자신이 있으며 전공 공부를 게을리 하지 않았기에 4학년 내내 전액 장학금을 받았을 만큼 준비된 수험생이라고 자신합니다.

실패한 답변

저는 성격이 밝고 협조성이 있는 사람입니다. 스포츠도 좋아해서 못 하는 게임이 없습니다. 친구들도 많고 모르는 사람과도 편하게 대할 수 있습니다.

또한 호기심이 왕성하고 여러 가지에 도전하는 도전 정신도 뛰어납니다. 지식을 넓히기 위해 책도 즐겨 읽습니다. 저는 기업인이 되기 위한 준비를 마쳐놓고 있습니다.

> **⊙ 문제점**
>
> 준비가 다 되었다는데 그 구체적인 이야기는 하지 않고 '밝고', '협조성', '호기심'과 같은 성격만을 말하면 면접관은 제대로 납득하지 못할 것이다. 냉정하게 말하면 그런 성격은 면접관이 판단하는 것이니까. '여러 가지'란 표현도 내용이 구체적으로 보이지 않는다. 구체성이 없으면 자기를 어필할 수 없다. 무엇이든 구체성이 있어야 면접관이 관심을 보인다.

준비된 상태에서의 대답	문제점과 개선책

※ 위 질문에 대한 자신만의 대답을 준비가 다 된 상태라고 판단하시면 모범답안에 쓰십시오. 이런 과정을 두 세 번 정도 되풀이하면 완벽한 답안을 만들 수 있을 것입니다.

TIP 1분 스피칭의 요령

1분 스피칭은 가장 짧은 시간에 자신을 나타내어야 하는 어려운 작업이다. 먼저 5W1H의 원칙하에 꼭 필요한 내용만 골라 담는다. 기록이 끝나면 외울때까지 계속해서 반복하여 읽는다. 다 암기하면 강조되어야 할 부분을 특별히 힘주어서 표현하도록 한다. 이 준비가 끝나면 거울 앞에서 자신을 테스트 해 본다.

11
Question

대학시절 성적을
자신은 어떻게 생각하십니까?

Point

몇 번이나 강조한 부분이다. 성적이 좋으면 공부방법과 노하우, 얻어낸 성적의 결과 등을 이야기하면 기억을 강하게 남길 수 있다. 그러나 성적이 나빴다면 말할 때는 특별한 주의가 필요하다. 잃은 것과 얻은 것을 대비하고 지금은 어떻게 하고 있는지에 대해 말하도록 하자.

성공한 답변 (성적이 좋았던 경우)

수학은 자신 있습니다. 고교 시절부터 수능에서 수학만은 만점을 맞았습니다. 대학에 들어와서도 수학을 전공하면서 골치 아픈 복잡한 문제를 만나 골머리를 썩히면서도 한 번도 전공 선택을 후회한 적이 없을 정도로 좋아했고, 전공 성적도 잘 나와서 장학금을 계속 탔습니다. 평점 4.4를 기록한 성적이라 졸업식 때 총장상을 수상했습니다.

성공한 답변 (성적이 나빴던 경우)

대학 전체 성적이 부끄럽게도 3.0 정도에 불과합니다. 정말 소원 없이 많이 놀아서 성적 관리를 엉망으로 한 덕택에 부모님이 걱정을 크게 했습니다. 그러다가 3학년 말에 갑자기 아버지가 돌아가셨습니다. 그리고 가세가 크게 기울어 낮에는 공부하고 밤에는 야간 경비원으로 일하면서 학교를 다녔습니다.

하루에 세 시간씩 자면서 공부를 게을리 하지 않아 그래도 4학년 때는 평점 4.0을 받을 수 있었지만 초반에 워낙 부진해서 만회하지 못했습니다. 후회로 끝낸 대학생활이었지만 제 인생에서 '시간을 낭비하는 자가 얻는 실패'를 가장 실감 있게 체험한 것이 제게 소중한 기억입니다. 잘 부탁드립니다.

실패한 답변

행복은 성적순이 아니라고 들었습니다. 저의 성적은 별로 좋다고는 생각하지 않습니다. 하지만 대학은 공부만 하는 곳이 아니라고 생각합니다. 저는 공부보다는 사람들과의 인간관계가 더 중요하다고 생각합니다. 그래서 대학생활동안 동아리 활동과 아르바이트를 통해서 많은 사람들과 접했고, 성적에는 드러나지 않는 많은 것을 얻었다고 생각합니다.

적용연습   년   월   일

준비된 상태에서의 대답	문제점과 개선책

※ 위 질문에 대한 자신만의 대답을 준비가 다 된 상태라고 판단하시면 모범답안에 쓰십시오. 이런 과정을 두 세 번 정도 되풀이하면 완벽한 답안을 만들 수 있을 것입니다.

대학 생활 중에
가장 **인상 깊었거나**
감명 깊었던 것은 무엇입니까?

Point

이 질문은 자기를 홍보하는 좋은 기회를 주는 것이다. 그러므로 이야기를 추억담을 소개하는 정도로 하지 말고 '그래서 무엇을 얻었다'는 결론으로 끌고 가는 것이 포인트이다.

성공한 답변

대학 3학년 때 여학생들 몇 명이 여름방학을 이용해서 미국에 가 홈스테이를 한 적이 있습니다. 영어 연수가 첫 번째 과제로 실제 3주간 영어만을 사용하는 생활을 하는 짧은 과정이었지만 자신감을 크게 얻을 수 있었다는 점에서 제게 큰 경험이 되었습니다. 미국식 가정의 생활을 그대로 겪고, 그들의 생각을 다소나마 읽을 수 있었다는 점은 기대 이상의 결과였습니다. 가스레인지를 20년째 쓰고 있는 그들의 모습에서 식생활이 의외로 검소했던 점과 미국 청교도 가정의 신앙심 등이 기억에 남습니다. 한국에서 우리는 너무 풍요롭게 살아가는 것이 아닌가 하는 생각이 들었습니다. 진정한 풍요로움은 무엇인지, 한국에서의 생활 속에서 앞으로 진지하게 생각해보고 싶다고 느꼈습니다.

실패한 답변

여행을 좋아해서 여행 동아리에 가입해 전국의 여기저기를 다녔습니다. 전국의 알려졌거나, 알려지지 않은 명승지들을 두루 여행했고, 사진도 많이 찍었습니다. 또 해외여행도 일본과 미국, 중국 등을 다녀왔습니다. 한 번 갈 때마다 보름 정도씩 각 나라에 체류했는데, 그 나라의 문화를 접하고 현지인과 이야기를 나누는 가운데 견문을 크게 넓힐 수 있었기에 대단히 기억이 남습니다.

◑ 문제점

준비 부족이다. 앞의 답변에 비해 너무 구체성이 없고 그저 즐거웠다는 식의 답변으로는 곤란하다. 면접관은 하루 종일 비슷한 질문에 비슷한 대답을 듣는다. 그들에게 식상한 답변으로 어떻게 취업할 생각을 하는가. 만일 테마여행이었다면 구체적으로 그 점을 강조한다든지, 여행가서 구체적으로 얻은 것을 소개하는 정도는 돼야 점수를 얻게 될 것이다.

준비된 상태에서의 대답	문제점과 개선책

※ 위 질문에 대한 자신만의 대답을 준비가 다 된 상태라고 판단하시면 모범답안에 쓰십시오. 이런 과정을 두 세 번 정도 되풀이하면 완벽한 답안을 만들 수 있을 것입니다.

졸업논문에 대해
알려주십시오.
왜 그 논문을 선택했습니까?

Point

당황할 필요 없다. 그 논문에 대해 가장 잘 아는 사람은 나뿐이다. 무엇을 연구했는지, 왜 그랬는지 동기에 대해서도 간단하게 설명하자.

성공한 답변

아직 최종 정리는 하지 못하고 있습니다. 곧 끝마칠 생각인데 농산품의 온라인 CRM(고객관계관리, Customer Relationship Management) 쪽의 마케팅 전략을 테마로 하고 있습니다. 1970년대부터 광고 매체는 TV나 신문, 인쇄매체였지만 지금은 온라인으로 옮겨가고 있습니다.

온라인 고객들이 보이는 소비 형태는 오프라인과 확실한 차이가 있어 보입니다.

저희 집안은 수도권에서 비닐하우스로 농산물을 대량으로 재배해서 온라인으로 판매하는 일을 하고 있습니다. 그래서 저는 가계에도 도움을 주고, 온라인 농산물 사업의 미래를 예측해보고자 온라인 농산품 거래 부분에 대해 초점을 맞추게 된 것입니다.

부족한 답변

특별한 이유라기보다 농산품의 온라인 마케팅에 관심이 있어서 선택한 것입니다. 농산물 상거래가 앞으로는 온라인에서 크게 확산될 것이라 생각합니다. 그래서 미리 준비하고 연구해 보자는 생각으로 이 주제를 선택하게 된 것입니다.

◑ 문제점

답변이 좀 길어도 구체적이고 의미가 있으면 면접관들은 들으려 할 것이다. 그러나 그렇지 않으면 지루해 하거나 답변을 제대로 들으려 하지 않을 것이다. 시시각각 변화하는 분야가 테마일 경우 새로운 시점을 제시하지 않으면 '새삼스럽게 무슨 소리를 하는 거야'라는 인상을 줄 수도 있다. 나중 답변은 구체적인 안이 부족하다는 점에서 문제점이 보인다.

논문을 쓰지 않는 학부일 경우 "졸업논문이 자유선택이었기 때문에 이수하지 않았습니다. 그 대신에 자유 시간에는 문학부 강의에 출석해 식생활과 역사의 변천에 관한 상관관계에 대하여 공부했습니다."라는 식으로 변화를 주면 될 일이다. 요즘은 논문을 쓰지 않는 학과나 학부가 있어서 답변을 미리 정리해 두는 것이 좋을 것이다.

년   월   일

준비된 상태에서의 대답	문제점과 개선책

※ 위 질문에 대한 자신만의 대답을 준비가 다 된 상태라고 판단하시면 모범답안에 쓰십시오. 이런 과정을 두 세 번 정도 되풀이하면 완벽한 답안을 만들 수 있을 것입니다.

대학교마다 다르지만 대개는 추석 이후부터 11월까지 캠퍼스에서 활발하게 캠퍼스 리크루팅이 실시되고 있다. 이것은 취업 관련 회사 중심으로 이루어지는 회사설명회이다. 주된 내용은 당연히 취업할 회사에 대한 설명과 취업 실무 강연, 면접 요령과 해당 연도의 취업 동향 등이다. 그런데 많은 여학생들은 이 리크루팅에 무신경하다. 그 이유를 물어보면 이렇게 대답한다.

"제가 갈 회사도 아닌데요. 뭐."

"대기업 위주로 하는 행사인데 갈 필요가 있을까요?"

그러나 그건 잘못된 생각이다. 지망하는 기업도 아니고, 모집과는 관계도 없고, 저 회사는 좀 더 알아보고라는 식으로 생각하는 건 시작도 안 해보고 포기하는 모습이다. 캠퍼스 리크루팅은 기업방문에서 기업 사람과 만나는 것과는 다른 의미, 기업 그 자체를 직접 접하는 최초의 기회이며 귀중한 경험이 된다. 게다가 참가를 수험자격으로 하는 기업도 많다. 나중에 원서를 낼지 안낼지를 떠나서 일단은 참가하는 것이 좋다. 기업을 알고 사회인으로서의 의견을 들을 수 있는 기회는 그리 많지 않다. 그 경험은 앞으로의 기업방문과 면접 때 반드시 도움이 될 것이다.

2

나를 위해 얼마나 투자해 왔는가?

– 내 강점이 곧 경쟁력이다

저희 회사에 지원하기 위해
어떤 준비를 해 왔습니까?

Point

자신만의 차별화된 준비성을 강조하라. 성실성을 강조하는 정도로는 이야기가 안된다. 열정과 적극성이 핵심이다.

성공한 답변

전자회사에 입사하고 싶어서 계속 준비해 왔고, 이번 입사를 준비하기 위해 이 회사의 대리점을 4~5군데씩 둘러보며 생산되는 상품과 고객의 반응도 살폈습니다. 소비자의 만족을 위해 상품마다 고객 만족도를 즉시 체크할 수 있는 설문조사표를 만들어 둔 것도 눈여겨보았습니다. 특히 이 회사에서 판매하는 노트북은 오랫동안 사용해서 성능이 좋다는 것을 알고 있었는데, 전자랜드에 가서 다른 회사와 비교해 보았더니 역시 동급 최강이라고 생각하게 되었습니다.

그리고 A 매장에서 근무 중인 대학 선배를 만나 회사에 대한 소개를 받아 좀 더 자세한 사항을 들을 수 있었습니다. 특히 여성들에게 기회가 활짝 열려 있는 회사니 적극적으로 대쉬해 보라는 말을 듣고 응시하게 된 것입니다.

부족한 답변

귀사에 대한 모든 자료는 인터넷을 통해 알게 되었습니다.

그래서 인터넷을 통해 이 회사에 대한 평을 조사해 본 끝에 응시하게 된 것입니다. 또 경제신문과 업계지를 통해서 업계의 동향을 파악하고, 귀사의 상품게재에 대해서도 신경을 써 왔기 때문에 과거 일상생활에서 사용하기 쉽다고 느꼈던 시대에 비해 업계 지식을 습득할 수 있었습니다. 귀사의 고개중심 경영방침을 보고 마음에 들어 지원하게 된 것입니다.

> **⬇ 문제점**
>
> 전자회사라는 점에서 가족이 10년 이상 이 회사 제품만 써 왔다든지, 익히 알고 친숙하다든지 하는 립 서비스 정도를 붙이는 것도 무난한 답이 될 것이다. 앞의 답변과 뒤의 답변에 큰 차이가 없는 것처럼 보여도 면접관은 앉아서 일하려는 타입(후자)인지, 발품을 팔아 직접 확인하고 다니는 타입(전자)인지 금방 알아차리게 된다.

준비된 상태에서의 대답	문제점과 개선책

※ 위 질문에 대한 자신만의 대답을 준비가 다 된 상태라고 판단하시면 모범답안에 쓰십시오. 이런 과정을 두 세 번 정도 되풀이하면 완벽한 답안을 만들 수 있을 것입니다.

기업에 입사하기 위해
평소 **시간 관리를 어떻게** 하고 있는지
구체적으로 소개해 주세요

Point

역시 차별화가 관건이다. 다른 사람처럼 산다는 말이라면 아예 하지도 말 것. 가장 중요한 것은 그럴 듯하게 객관성 있는 증거를 대면서 이야기하여야 설득력이 있다는 것이다.

성공한 답변

저는 매일 아침 8시부터 9시까지 어학 실력 향상을 위해 미국인 실전 회화를 배우러 다니고 있습니다. 6개월 째 해 왔는데 이제 좀 말문이 터진다는 생각을 하고 있고, 또 담당 강사인 헬렌 스워디도 많이 좋아졌다고 칭찬하고 있어 계속 다닐 생각입니다.

아직 졸업 전이라 수업이 남아 있기 때문에 학교에서 수업을 하거나 비는 시간에는 주로 도서관에 나가고 있습니다. 오후 5시에는 저희 몇몇 뜻이 맞는 친구들과 요즘 화제가 되고 있는 교양서적을 읽고 독후감을 서로 발표하는 모임을 갖고 있습니다. '해독회'라고 이름 붙였는데 '풀고 읽는다는 뜻'도 되고 '술을 좀 마신 날에는 술독도 푼다'는 뜻으로 붙인 것입니다. 이 스터디 모임을 통해 지식의 저변도 키우고 시대를 읽는 눈도 키우고 있습니다. 그리고 밤에는 9시 뉴스를 보고 위키피디아 영문판의 최신 기사들을 살피는 일도 하고 있습니다.

실패한 답변

보통은 아침 7시에 일어나서 토익 공부를 하고 학교에 가서 전공 공부를 하고 있습니다. 또 점심때는 도서관에 가서 열심히 공부를 하고 있습니다. 다시 오후에는 학교에서 주최하는 특강을 보통 듣고, 저녁에는 IT 관련 학원을 다니면서 정보사회에 걸맞은 준비된 사원이 되고자 준비하고 있습니다.

밤에 돌아와서는 인터넷을 통해 제가 입사하려는 금융회사의 기업 동향과 해당 회사의 정보를 살피고 정기적으로 받아보는 잡지를 읽으면서 상식을 키우고 있습니다. 하루 종일 집중적으로 입사 준비를 하고 있다고 말씀드릴 수 있습니다.

적용연습　　　　　　　　　　　년　　월　　일

준비된 상태에서의 대답	문제점과 개선책

※ 위 질문에 대한 자신만의 대답을 준비가 다 된 상태라고 판단하시면 모범답안에 쓰십시오. 이런 과정을 두 세 번 정도 되풀이하면 완벽한 답안을 만들 수 있을 것입니다.

아침형 인간에 대해 어떤 생각을 갖고 있는지 말씀해 보십시오

Point

아침엔 일찍 일어난다고 반드시 말하라. 채용을 원한다면 설령 지금 아침에 잘 못 일어나도 지금부터 훈련하겠다는 각오를 가져야 할 것이다. 아침형 인간이 좋다고 말하는 것은 당연하다. 늦잠자고 늦게 일어나는 요즘 시대상을 거슬리는 질문이라는 점을 명심할 것.

성공한 답변

저희 집안은 아버지가 정확하게 5시에 기상하십니다. 아버지의 생활패턴에 맞추어 새벽형 인간이 되기 위해 얼마나 힘들었는지 모르는데 이제는 만성이 되어서 5시만 되면 저절로 눈이 떠집니다. 그리고는 아침식사를 모든 가족이 함께 하는 것이 보통입니다.

처음에는 몰랐는데 이렇게 일찍 일어나니까 아침에 두 시간 이상을 자신을 위해 활용할 수 있어서 남들보다 더 많은 일을 할 수 있어 참 좋다고 생각합니다. 앞으로도 이 소중한 두 시간을 자기계발을 위한 투자의 시간으로 계속해서 활용할 생각입니다.

부정적인 답변

아침형 인간이 좋다고 듣긴 했는데 저는 아무리 애를 써도 잘 안 되는 것 같습니다. 저는 밤늦게는 새벽 서너 시까지도 잘 버티는데 아침에는 잘 일어나지 못합니다. 그래서 보통 야밤에 일을 하는 올빼미 스타일이라고 생각합니다. 12시 전에는 잠자리에 들려고 노력하지만 심야에 보고 싶은 책이나 영화가 있을 때는 밤을 지새울 때도 있습니다. 새벽보다는 야밤에 하는 공부가 더 집중이 잘 되는 편이기도 하구요. 저는 사회생활에 지장이 없는 한 아침형이 좋고 저녁형이 나쁘다고만 이야기할 수는 없는 것 아닌가 생각합니다.

➋ 문제점

솔직한 것이 다 좋은 것은 아니다. 물어보는 사람은 의도가 있다. 그 함정에 일부러 걸려들 필요는 없는 것 아닌가? 기업은 일찍 나오고 늦게까지 열심히 일해 줄 기관차 같은 인재를 원한다. 그 기호에 맞추는 것이 중요하다.

적용연습

년   월   일

준비된 상태에서의 대답	문제점과 개선책

※ 위 질문에 대한 자신만의 대답을 준비가 다 된 상태라고 판단하시면 모범답안에 쓰십시오. 이런 과정을 두 세 번 정도 되풀이하면 완벽한 답안을 만들 수 있을 것입니다.

TIP 새벽형 인간

아침형 인간이란 책이 공전의 베스트셀러가 된 이후 새벽형 인간에 대한 관심이 다시 증폭되고 있다. 이번에는 새벽 4시에 일어나서 출근하기까지 최소한 두 시간 이상을 자신을 계발하는데 투자하자는 것이다.

오늘 아침 **신문 1면**의 제목은 무엇이었습니까? 그리고 신문은 **어느 면부터** 읽습니까?

Point

역시 자신만의 개성을 강조하는 것이 최상이고 차별성을 보여줄 수 있는 답변을 준비하는 것이 득점으로 연결된다.

성공한 답변

오늘 아침 신문의 1면 기사는 OOOOO에 관한 기사였습니다. 신문 1면에는 사회적인 주요 기사가 모두 집약되어 있기 때문입니다.

그리고 신문은 1면부터 읽고 그 다음은 경제면을 읽습니다. 경제면 기사는 계속 해서 제가 읽고 있는데 OOO 씨의 컬럼 '기업은 사람이 일하는 곳이다'를 즐겨 읽습니다.

사설도 빼놓지 않고 읽는데 그것은 문장 작성력과 시대를 읽는 눈을 배울 수 있기 때문입니다. 신문의 사설읽기는 그런 학습의 차원에서 중 · 고등학교시절부터 주욱 읽어 왔습니다.

실패한 답변

신문은 읽지 않고 주로 인터넷 기사에 의존합니다. 요즘 저희 세대는 신문을 잘 읽지 않는 편입니다. 기존 대형신문사들은 대개 보수 우익적인 시각이라 읽고 나면 기분이 언짢아지기도 합니다.

그래서 신문을 챙겨 읽기보다는 컴퓨터로 인터넷 기사를 찾아 읽거나 인터넷 칼럼니스트들이 올린 글과 블로그을 주로 보고 있습니다. 그날 그날 일어나는 일들에 대한 네티즌의 의견도 알 수 있어서 좋습니다. 또, 저는 영화를 좋아해서 이 주에 상영되는 영화들을 인터넷으로 반드시 체크하거나, 영화평 등을 찾아보곤 합니다.

> **◑ 문제점**
>
> 입사하면서 자신의 사상적 논거를 보여줄 필요가 있을까? 면접관 중에 보수 우익적인 시각을 가진 분이 있다면 감점 요인이 되고도 남는다. 신문의 성격이 어떠하든지 간에 신문 자체의 기능을 부정하는 듯한 발언을 하는 것은 바람직하지 못하다. 똑똑해하고 야무지게 대답한 듯 보이지만 곳곳에 면접관들이 감점을 유인하는 발언들이 나타나 있는 것은 조심할 일이다.

<table>
<tr><td colspan="2">준비된 상태에서의 대답</td><td>문제점과 개선책</td></tr>
</table>

년   월   일

※ 위 질문에 대한 자신만의 대답을 준비가 다 된 상태라고 판단하시면 모범답안에 쓰십시오. 이런 과정을 두 세 번 정도 되풀이하면 완벽한 답안을 만들 수 있을 것입니다.

당신은 **한 달 용돈**이
얼마나 됩니까?
그 사용처를 소개해 보십시오

Point

예산과 결산이 확실한 빈틈없는 사람임을 보여주자. 용돈을 어떻게 마련하는지를 소개하는 것도 좋은 방법이라고 할 수 있다.

성공한 답변

매달 30만 원으로 주로 점심 값과 교통비, 책을 사고 가끔 친구와 영화를 보러 가거나 쇼핑도 하러 가는데 그것도 용돈 안에서 해결하고 있습니다. 학원비도 제게는 큰 부담이 되는데 이런 비용들을 어른들께 신세지기 싫어서 아르바이트로 해결하고 있습니다. 출판사 번역 일을 정기적으로 하는데 제 용돈과 학원비를 대는 정도는 됩니다.

용돈 관리는 인터넷 재테크포탈사이트의 가계부 프로그램을 이용하여 매달 수입과 지출을 꼼꼼히 체크해서 관리하고 있으며, 그 결과 많지는 않지만 조금씩 저금도 하고 있습니다.

부족한 답변

지방 출신이라 서울에서 자취를 하다보니 고향 집에서 매달 120만 원을 보내줍니다. 월세와 각종 공과금을 제하고 남는 돈은 약 60만 원인데 이것으로 식비와 책을 사는 데 쓰고 조금씩 남겨서 필요한 곳에 씁니다. 혼자 살면서 부모님 도움을 너무 많이 받아와서 빨리 취직하고 싶습니다.

실패한 답변

저는 비교적 부유한 가정에서 자라 지금까지 부모님의 도움을 받아 학교를 마쳤습니다. 한 달 용돈은 70만 원 정도이고 용돈 기입장을 철저히 쓰는 편입니다. 주로 문화생활을 하는데 쓰고 친구들을 만나 여가를 즐길 때 쓰기도 합니다. 하지만 이제 취직을 하게 되면 제 용돈은 제가 벌어서 쓰는 것이 옳다고 생각합니다. 그래서 하루빨리 더 취직하고 싶습니다.

적용연습

년 월 일

준비된 상태에서의 대답	문제점과 개선책

※ 위 질문에 대한 자신만의 대답을 준비가 다 된 상태라고 판단하시면 모범답안에 쓰
십시오. 이런 과정을 두 세 번 정도 되풀이하면 완벽한 답안을 만들 수 있을 것입니다.

최근 가장 재미있게
읽은 책은 무엇입니까?
주로 어떤 분야의 책을 읽습니까?

Point

쓸데없이 어려운 책을 읽는다고 대답했다가 혹시 그 책을 읽은 면접관이라도 들어온다면 큰 낭패다. 솔직하게 말하되 준비된 내용을 말할 수 있어야 유리하다.

성공한 답변

요즘 역사책을 주로 읽고 있습니다. 역사를 읽노라면 과거의 잘못을 되풀이하지 않게 되고, 그 시절 인물들의 삶을 돌아보면서 오늘을 사는 교훈을 알 수 있기 때문입니다.

지난주에 읽은 책은 「조선의 킹메이커」라는 책입니다. 정도전부터 채제공에 이르기까지 8명의 조선시대 참모들 이야기를 통해 그들이 어떻게 어려움을 극복하면서 참모의 길을 걸어 성공을 거두었는가를 감동 있게 읽었습니다. 그리고 제 심리학 전공 실력을 보강하기 위해 교양서 읽기도 계속하고 있습니다.

토머스 해리스의 「마음의 해부학 : 친밀한 관계를 만드는 소통의 비밀」을 샀는데 아직 몇 장 읽지 못했습니다.

부족한 답변

저는 독서량이 많은 편이라 한 달에 많은 책을 읽는 편입니다. 처세 실용서와 교양서를 주로 읽고 패션잡지도 많이 읽습니다.

한 달에 책값으로 10만 원은 꼬박꼬박 투자하는데 이것은 제 자신의 실력과 교양을 키우기 위한 것이라 조금도 아깝지 않은 투자라고 생각하고 있습니다. 요즘은 「백만장자 프로젝트」라는 책과 취업관련 노하우를 담은 책, 그리고 시집들을 주로 읽고 있습니다.

> **◑ 문제점**
> 뭘 이야기하고 싶은 것인지를 확실하게 보여주는 편이 낫다. 이것저것 다 읽고 책도 많이 읽는다고 이야기하는 것은 증거 능력이 부족한 자기주장일 뿐이다. 좀 더 한 분야의 전문 지식을 쌓고 있다고 말하는 편이 유리하지 않을까? 이왕 다독을 강조할 입장이라면 집에 읽고 보관하고 있는 책이 2천 권쯤 된다든지, 독후감 대상에서 상을 받았다든지 하는 구체적인 뭔가가 있으면 좋겠다.

<table>
<tr><td colspan="2" align="right">년　　월　　일</td></tr>
<tr><td>준비된 상태에서의 대답</td><td>문제점과 개선책</td></tr>
<tr><td></td><td></td></tr>
</table>

※ 위 질문에 대한 자신만의 대답을 준비가 다 된 상태라고 판단하시면 모범답안에 쓰십시오. 이런 과정을 두 세 번 정도 되풀이하면 완벽한 답안을 만들 수 있을 것입니다.

회사 일을 수행하는데 있어
건강에 문제가 없습니까?

Point

이건 다른 무슨 변명이 필요 없는 대답이라야 한다. 무조건 '네'라고 대답해야 하는 질문이다. 자신이 지켜가고 있는 현재의 건강관리법을 말하는 것도 점수를 받는데 유리할 것이다.

성공한 답변

건강은 자신 있습니다. 평소 운동을 꾸준히 하는 편이고, 달리기를 즐겨해서 정기적으로 단축 마라톤대회에도 나가곤 합니다.

낙천적인 성격과 규칙적인 운동습관이 몸에 베어 있기때문에 무엇보다 건강은 자신할 수 있습니다. 지금까지 병을 앓아 본 적도 없고, 식사도 균형이 잘 잡힌 식단을 고려하여 하고 있습니다. 건강도 자기 관리의 문제라고 생각합니다. 건강관리에 자신할 수 있는 만큼 회사 일에도 자신있습니다.

저는 늑막염을 앓은 적이 있고, 간염증세를 보여 치료를 받은 적이 있지만 지금은 다 나아 회사 일을 하는 데는 아무 문제가 없습니다.

○ 평가

현재도 아픈 경우라면 솔직히 털어놓아야 하는데 이 경우 면접관이 과연 뽑으려 할까? 차라리 면접을 미루고 몸을 잘 만든 다음 입사 준비를 하는 것이 좋을 것이다.

적용연습　　　　　　　　　　　　　　　　　　　　　년　　　월　　　일

준비된 상태에서의 대답	문제점과 개선책

※ 위 질문에 대한 자신만의 대답을 준비가 다 된 상태라고 판단하시면 모범답안에 쓰십시오. 이런 과정을 두 세 번 정도 되풀이하면 완벽한 답안을 만들 수 있을 것입니다.

살아오면서 잘못된
당신의 고쳐야 할 버릇은
무엇입니까?

Point

너무 부정적으로 말하지 않는 것이 중요하다. 상품이 좀 부실해도 포장을 잘 하면 예뻐 보이는 법이다. 이왕 표현하는 것이라면 우회적으로 자신의 나쁜 버릇을 이야기하되, 어떻게 고쳐나가고 있는지를 부각시켜서 말한다.

성공한 답변

저는 성격이 급하고 말이 빠른 것입니다. 이때문에 남들이 제가 말하는 것을 알아듣기가 힘들다고 이야기 해주는 것을 몇 번 겪었기에 고치려고 애쓰고 있습니다. 그 후로부터 천천히 말하려고 일부러 노력하고 있고, 하루 30분씩 거울 앞에서 천천히 책을 읽는 습관을 들이고 있습니다.

그 후로 대학 세미나 등에 나갔을 때 전에 비해 많이 좋아졌다는 말을 들었습니다. 하지만 아직도 많이 부족합니다. 그래서 더 열심히 주의를 기울일 생각입니다. 지금 제가 이야기하고 있는 것이 혹시 빠르게 느껴지십니까?

또 다른 답변

저는 남들과 이야기를 할 때, 저도 모르게 머리를 흔들고 있다는 지적을 받곤 합니다. 자신 없어 보이고 뭔가 불안해 보인다는 지적도 주변사람들로부터 받았습니다. 그래서 일부러 이 버릇을 고치려고 대화법 학원을 다니며 몇 군데 지적사항을 고쳐나갔습니다. 지금은 많이 나아졌습니다. 사회인으로서는 문제가 있다고 보기 때문에 고쳐야 한다고 생각합니다.

> ● 평가
>
> 면접관은 그런 당신의 버릇을 좋게 생각하지 않는다. 자칫 말이 길어지면 오히려 변명이라고 생각하고 나쁜 인상을 가질 것이다. 특별한 버릇이 없다고 답하는 것이 가장 좋은 방책이다.

준비된 상태에서의 대답	문제점과 개선책

※ 위 질문에 대한 자신만의 대답을 준비가 다 된 상태라고 판단하시면 모범답안에 쓰십시오. 이런 과정을 두 세 번 정도 되풀이하면 완벽한 답안을 만들 수 있을 것입니다.

당신의 **어학실력**은
어떤지 상세하게 말씀해 보십시오

Point

정직하게 답하는 것이 가장 중요하다. 좀 부족하고 서툰 경우에는 앞으로 노력하겠다고 말하면 된다. 안 뽑아주면 다른 회사로 간다는 마음가짐으로 당당히 말하자. 괜히 부풀렸다가 테스트라도 당하는 날이면 망신당하고 거짓말 하는 사람이라는 인상을 주게 된다.

성공한 답변

영어라면 일상회화를 구사하는 데는 전혀 지장 없습니다. 다만 비즈니스 회화는 용어를 잘 몰라서 아직 부족한 면이 있을지도 모르겠습니다. 하지만 앞으로 더 공부하여 비즈니스 회화도 능숙하게 구사할 수 있도록 할 생각입니다. 또한 지난번 치른 토익시험에서도 880점 정도를 받았습니다.

또 다른 답변

독해는 자신 있습니다. 그러나 회화는 아직 좀 자신이 없는 편입니다. 형편상 미국인 회화 학원 같은 곳에 별로 다니지 못해서 뒷받침하지 못했습니다. 요즘 영어회화 동아리에 가입하여 열심히 활동하고 있습니다. 조만간 어느 정도까지는 영어회회도 가능할 것이라고 생각하고 있습니다.

부족한 답변

저는 영어는 썩 자신이 없습니다. 독해도 잘 못하고 회화는 더 못합니다. 저는 성실하고 열심히 뛸 수 있습니다. 영어를 쓰는 부서만 아니면 어디든지 열심히 하겠습니다.

● 문제점

솔직하게 답한 것까지는 좋지만 지금의 노력 상태를 이야기해주면 더 좋을 텐데 다소 부족하고 자신 없어 보이는 것이 문제다. 자신의 실력이 어느 정도 가능한지를 설명한 후에 추가로 앞으로의 의욕을 보이는 것이 보기에도 자신 있게 비칠 것이다. 다만 가능하다고 답을 할 경우 면접관들은 매우 큰 기대를 할 것임에 틀림없다. 영어로 질문을 받아도 당황하지 않도록 철저하게 준비할 것.

준비된 상태에서의 대답	문제점과 개선책

※ 위 질문에 대한 자신만의 대답을 준비가 다 된 상태라고 판단하시면 모범답안에 쓰십시오. 이런 과정을 두 세 번 정도 되풀이하면 완벽한 답안을 만들 수 있을 것입니다.

당신이 우리 회사에
내놓을 수 있는
가장 자신 있는 것은 무엇입니까?

Point

나를 팔아서 기업을 살 수 있는 절호의 기회다. 자신을 PR할 수 있는 좋은 기회를 준 것이니만큼 추상적이 되지 않도록 구체적으로 말하는 것이 중요하다.

성공한 답변

저는 분석력이 뛰어나다는 평가를 받고 있습니다. 지난달에 개최한 OO통신진흥협회 주최 대학생 정보능력경진대회에서 정보 수집력과 분석력 면에서 최우수 등급을 받았습니다. 당시 주제는 "반가사유상 무릎너비를 계산하라"였는데 저와 함께 배정된 K대학의 친구와 함께 이 문제를 제일 빨리 풀어 최고 점수를 받았습니다.

그 당시 저는 기존 문서의 분석 작업을 맡았는데 13개 고문서의 정보를 빨리 분석해서 답안을 유도해내 높은 점수를 받았습니다.

또 다른 답변

집중력과 끈기가 있는 점을 강점으로 내세울 수 있을 것이라고 생각합니다. 저는 사격 동아리에서 집중력을 높이는 훈련을 계속해 왔는데, 그 훈련으로 인해 집중력과 끈기가 다져졌다고 생각합니다. 고도의 집중력이 필요한 사격에서 자신의 책임아래 스스로 모든 것을 결정해야하는 책임감을 느끼면서 훈련에 임했습니다.

또한 그 가운데 단체 경기에선 팀워크의 중요성도 배울 수 있었습니다. 아마추어 대회에 출전하여 시합에 진적도 있었지만, 실패를 딛고 일어서는 훈련도 할 수 있었고, 밝게 웃고 다시 다음 목표를 향해 나아가는 성격이라는 소리를 친구들로부터 자주 들었습니다.

◐ 평가

자기가 잘 하는 것을 이야기하는 것이므로 이건 자신 있는 대답이 되어야 한다. 문제는 이것도 저것도 별로 뛰어나지 못한 사람이다. 그렇다 하더라도 자신이 이루어낸 성취감 높았던 일을 기억해 내서 미리 답변을 준비해 가면 된다. 국토순례나 노인복지회 간호, 책의 집필, 아르바이트를 할 때의 어려웠으나 성공해서 칭찬받던 일 등을 기억하라. 그 가운데서 말할 '꺼리'를 찾아내는 것이 중요하다.

준비된 상태에서의 대답	문제점과 개선책

※ 위 질문에 대한 자신만의 대답을 준비가 다 된 상태라고 판단하시면 모범답안에 쓰십시오. 이런 과정을 두 세 번 정도 되풀이하면 완벽한 답안을 만들 수 있을 것입니다.

3

관계를 팔아 기업을 사라

– 내가 맺어온 인간관계가 기업에 도움이 될 것이다

당신의 **대인관계**는 어떻습니까?
상세하게 설명해 주십시오

Point

반드시 좋다고 대답해야 하는 질문이다. 학창시절에는 마음 맞는 친구와만 얼마든지 친할 수 있고, 그렇지 못한 친구와는 사귀지 않아도 아무 문제가 없다. 하지만 사회생활은 다르다. 사람을 가리는 것은 심각한 문제를 일으킬 수 있다. 이것을 조사해 보자는 질문이다.

성공한 답변

저는 대인관계에선 아무 문제가 없습니다. 명랑하고 밝은 성격이고 낙천적입니다. 어려운 일일수록 주변을 달래고 위로하며 리드해 가는 것이 제 성격입니다. 대학교 낙도봉사단 총무부장으로 선후배 단원들을 잘 챙겨 일 잘하고 성격이 원만하다는 평가를 받은 바 있습니다. 주위에 대한 배려를 중요하게 생각하는 것은 기업의 업무 추진 면에서도 좋은 결과로 이어진다고 생각합니다.

또 다른 답변

저는 동아리 모임 등에서 모두를 통솔하는 역할을 맡아 왔고, 항상 다른 사람들의 의견을 겸허하게 듣도록 노력하며 섬기는 정신으로 일하는 타입입니다. 기독교 정신으로 늘 살아왔기에 남을 섬기고 좋게 대하려는 정신을 한 번도 잃지 않고 잘 지켜왔다고 생각합니다. 학교와 회사는 다르겠지만 솔직한 자세로 사람을 대하는 자세를 중요하게 여기면서 일을 해나가도록 하겠습니다.

❍ 평가

내성적인 사람은 향후의 노력하는 자세로 성의를 보여라. 다만 상대방이 적극성을 요구할 경우에는 좀 더 적극적으로 답해야 한다.

적용연습   년   월   일

준비된 상태에서의 대답	문제점과 개선책

당신은 주변과
조화하는 편입니까?

Point

계속해서 강조하듯이 막연한 대답은 감점이다. 보다 구체적이고 차별화된 무엇이 있어야 한다. 자신만의 대답을 찾아내라. 기업에서 사원들끼리의 조화는 중요한 입사 요건의 고려 대상이다. 절대 아니요 라는 답변은 안 된다.

성공한 답변

저는 대학교 시절 응원단에서 치어리더로 일한 경험이 큰 도움이 되었습니다. 치어리더는 혼자서 잘 하는 것보다 전체가 조화로워야 높은 평가를 받습니다. 저는 주변과 조화를 이루어가며 팀을 이끌고 가는 훈련을 제대로 받은 사람이라고 생각합니다. 치어리더로 일한 대학시절 경험이 기업의 팀워크를 조성해 가는 데 상당히 유익한 경험이 될 것이라고 믿습니다.

좀 부족한 답변

어떤 활동에서든 모임에서든 적극적으로 참가하는 편이고, 리더가 결정한 사항에 대해서는 모두 협력하는 편입니다. 협조성이란 자신의 의견을 확고히 가지고 있으면서 다른 사람의 의견을 존중하고 서로 이해하는 것이라 생각합니다.

실패한 답변

저는 혼자 있는 것을 좋아하는 편이며 분석하고 골똘하게 집중하는 것을 좋아합니다만, 집단과의 조화도 중요하다고 생각합니다. 저는 살아오면서 다른 사람과 마찰을 일으키거는 일은 없었으며, 단체생활에도 잘 적응하는 편입니다.

❶ 문제점

가운데 답변자는 질문에 대한 답변이 너무 모호하다. 이런 저런 곳에 가입해 열심히 했다고 대답하는 것은 둘러댄다는 생각을 심어줄 수도 있다. 구체적일 것. 이것이 관건이다. 마지막 답변자는 면접에서 정직하게 답변하는 것으로 감점을 받을 수 있다. 묻지도 않았는데 혼자 있는 것을 좋아한다고 굳이 말할 필요는 없다.

준비된 상태에서의 대답	문제점과 개선책

※ 위 질문에 대한 자신만의 대답을 준비가 다 된 상태라고 판단하시면 모범답안에 쓰십시오. 이런 과정을 두 세 번 정도 되풀이하면 완벽한 답안을 만들 수 있을 것입니다.

당신은 조직에서 사람을
리드하는 타입입니까?

🖊 Point

면접자의 적극성을 물어보자는 질문이다. 여기서는 당연히 예스라고 대답해야 한다. 좀 리드하는 것이 부족하거나 서툴러도 그렇다고 대답할 필요가 없다. 당장 검증되는 것이 아닌 질문이므로 살아오면서 가장 잘 했을 때를 예를 들어 구체적으로 이야기하자.

성공한 답변

서는 중고등학교 시절 학생회장을 세속해서 맡았을 만큼 조직에선 늘 리드하는 타입이라고 생각합니다. 요즘은 개인주의 성향이 짙어지는 학교생활이지만 그래도 학교 회장단 전체를 리드하고, 자치회 활동의 예산과 결산을 주도하며, 교직원과 학생들 간의 대화를 이끌어 내는 등 적극적인 활동을 해 왔습니다. 이런 경험이 조직 생활에 큰 도움이 될 것이라고 믿고 있습니다.

좀 부족한 답변

저는 전형적인 참모 스타일입니다. 앞에서 나서기보다 리더를 받쳐
주는 타입이라고 생각합니다. 대학시절에는 동아리 총무로서 늘 회장
을 잘 도왔습니다. 이런 일은 겉으로는 그다지 티가 나지 않지만 저에
게 있어서는 상당히 보람이 있었습니다.

> **○ 문제점**
>
> 전자는 경험으로 리더로서의 능력을 나타냈기 때문에 구체적이고 설득력이 있
> 다. 그 반면 후자는 답변은 무난하지만 리더를 묻는 입장에 대한 답변으로서는
> 뭔가 부족하다. 묻는 질문에 속 시원히 대답해 준다면 아무 문제가 없을 것이다.

적용연습   년   월   일

준비된 상태에서의 대답	문제점과 개선책

당신의 학생시절, **친구들은**
어떤 사람들인지 소개해 주십시오

☞ Point

학창시절 교우를 보면 이 사람을 짐작할 수 있다. 바로 초록은 동색, 유유상종이라는 말이다. 그러니 좋은 교우관계를 설명해 가는 것이 훨씬 유리할 것이다.

성공한 답변

고교시절부터 같은 모임을 가져온 친구들이 넷 있습니다.

서로 다양한 전공으로 공부는 갈라져 있습니다. 사법시험 준비하는 친구와 세무사 준비하는 친구, 유학 가 있는 친구, 그리고 올해 입사시험 준비를 하고 있는 친구인데 모두 성적도 좋았고, 평생을 같이 가자는 맹세를 할 만큼 친한 사이입니다. 바빠서 자주 만나지 못하지만 '싸이월드'에서 늘 안부를 묻고 서로 고민을 털어놓을 수 있는 좋은 친구들입니다.

사례가 풍부한 답변

친구는 많지만 특히 동아리에서 알게 된 김홍숙이란 친구는 사물을 분석적으로 해석하는 능력이 뛰어납니다. 그 친구의 분석에 모두가 납득한 경우, 모두를 이끄는 것은 제 몫이었습니다. 또 수학적 재능이 뛰어난 남희라는 친구는 우리가 미처 알아차리지도 못하는 사이에 어려운 난제들을 해결해 내는 능력을 보여줘 많은 것을 배울 수 있었습니다. 저희 친구들은 서로 다르지만 서로의 장점을 살리면서 배울 수 있는 생활 속에서 친한 사이가 되었습니다.

부족한 답변

서로에게 특별히 말을 하지 않아도 서로의 마음을 알아주는 친구가 몇 명 정도 있습니다. 이들은 사생활 부분을 서로 건드리지 않지만, 대학수험이나 취직 등 중요한 문제가 있을 때 터놓을 수 있는 친구들입니다. 이들과는 앞으로도 계속 관계를 유지하려고 합니다.

도전적인 답변

그건 제 프라이버시에 대한 이야기라서 별로 이야기하고 싶지 않습니다. 제가 여기서 제 교우관계에 대해 이야기할 필요가 있는지 모르겠군요. 그 점에 대해 어떻게 생각하십니까?

적용연습　　　　　　　　　　　　　　년　　　월　　　일

준비된 상태에서의 대답	문제점과 개선책

※ 위 질문에 대한 자신만의 대답을 준비가 다 된 상태라고 판단하시면 모범답안에 쓰십시오. 이런 과정을 두 세 번 정도 되풀이하면 완벽한 답안을 만들 수 있을 것입니다.

당신은 **대학생활** 동안
어떤 것을 **배웠습니까?**

Point

유익한 학창시절을 보냈다는 점을 구체적으로 설명하고 앞으로 에 대한 전향적인 자세를 나타내라. 무엇보다 대학생활에서 얻은 것이 무엇인지를 구체적으로 설명하는 것이 중요하다.

성공한 답변

영문학을 전공하면서 전문적인 번역 글쓰기에 도전해 볼 수 있는 자신감을 가진 것이 큰 소득이라면 소득이라고 할 수 있습니다. 영미권의 역사와 민속, 사회상을 더불어 배울 수 있었고, 또한 지방에서 서울로 올라와 혼자서 생활을 하면서 자립심을 기를 수 있었던 점과 좋은 친구들을 사귈 수 있었던 것도 큰 수확입니다. 학비를 벌기 위해 방학 때마다 편의점과 대형마켓 아르바이트를 해 왔는데 그 경험이 사회인으로서 독립할 수 있는 자신감을 얻을 수 있는 귀한 기간이었다고 생각합니다.

맡은 일을 열심히 하고 학교에서 공부도 열심히 해서 학점을 잘 받았습니다. 교수님들께서 늘 칭찬을 많이 해 주셔서 자신감을 얻게 된 것도 큰 소득입니다. 또 아르바이트도 쉬지 않고 계속해서 학비도 많이 절약했습니다.

◑ 문제점

너무 추상적이고 설득력이 없다. 관념론으로 뻔한 대답이라는 인상을 주게 될 것이다. 보다 구체적이고 설득력 있는 답변을 준비해야 한다.

적용연습

년   월   일

준비된 상태에서의 대답	문제점과 개선책

※ 위 질문에 대한 자신만의 대답을 준비가 다 된 상태라고 판단하시면 모범답안에 쓰십시오. 이런 과정을 두 세 번 정도 되풀이하면 완벽한 답안을 만들 수 있을 것입니다.

대학생활 중에
후회할 일이 있다면
그것이 무엇인지,
그 이유를 설명해 보십시오

Point

전혀 후회하지 않는다고 한다면 사실 문제가 좀 있는 것이 아닌가. 그렇게 완벽한 사람이 얼마나 될까? 대부분은 후회할 일들을 한 두 가지를 갖고 있을 것이다. 그것을 찾아내되, 그 이유를 구체적으로 설명하고 그것을 앞으로 어떻게 해결할 것인지 소개하라.

성공한 답변

저는 일어를 전공하면서 전공 공부에 매달려 있다가 영어 공부에 소홀하게 된 것이 제일 마음에 걸립니다. 전공 성적은 학교에서 '내가 제일' 이라는 자부심을 갖고 있지만 영어는 중위권 정도의 실력밖에 안 되는 상태로 졸업하게 된 것이 제일 안타까운 일입니다.

그래서 지금 졸업 전까지 영어 실력을 상위권으로 올려놓기 위해 오전 오후에 집중적으로 회화와 토익 공부에 매달리고 있습니다. 그래서 1년 내에 영어와 일어 모두 상위권의 회화와 독해 실력을 갖추자는 것이 제 목표입니다.

대학시절은 시간적으로도 자유롭다고 생각하여서 1, 2학년 때 너무 놀았습니다. 그러나 시간이 넉넉하다고 안심하고 있는 동안 눈 깜짝할 사이에 2년이 지나갔고 3, 4학년 때 공부를 좀 해보려고 했지만 기초가 약해서 성적이 잘 나오지 않았습니다.

내일이 있다는 안이한 생각이 시간낭비로 이어진 것 같습니다. 좀 더 많은 걸 할 수 있지 않았을까 생각합니다.

❷ 문제점

너무 솔직한 심정이라서 문제다. 반성만 하고 앞으로의 발전적인 자세가 보이지 않는다는 점도 감점 요소다. 이 답변이야말로 안이한 자세가 그대로 나타나고 있다.

준비된 상태에서의 대답	문제점과 개선책

※ 위 질문에 대한 자신만의 대답을 준비가 다 된 상태라고 판단하시면 모범답안에 쓰십시오. 이런 과정을 두 세 번 정도 되풀이하면 완벽한 답안을 만들 수 있을 것입니다.

존경하는 인물은 누구입니까?

Point

이 답변에선 존경하는 부분을 들어 설명하자. '나는 어떻게 할지'를 표현하는 것도 중요하다. 내가 존경하는 인물이 나의 멘토가 될 것이라는 점을 생각해 보면 어떤 인물을 모델로 삼아야 할 것인지 분명해질 것이다.

성공한 답변

저는 아버지를 존경합니다. 아버지는 초등학교 때 부모님을 여의시고 막일을 하면서 동생 두 명을 고등학교까지 진학시켰습니다.

그 후에 당신도 야간학교에 다니면서 공부를 하셨습니다. 그리고 저희 남매를 이렇게 잘 키워주셨습니다. 아버지께서 얼마나 노력하셨는지를 주변 사람들로부터 들을 때면 제가 얼마나 풍족한 생활을 하고 있는지 느끼며, 아버지처럼 되도록 제가 가진 능력을 모두 살려야겠다고 생각합니다.

저는 열정적인 사람을 존경합니다. 저는 늘 이러저러한 소망과 욕심은 많은데 반해 실천하는 능력이 부족합니다. 그래서 한 가지 일을 열정적으로 실현해나가는 방법에 대해서는 고민이 많습니다.

그래서 열정을 갖고 한 가지 일을 꾸준히 하는 사람을 보면 훌륭하다고 생각합니다.

❍ 문제점

반드시 구체적인 인물명을 들어서 이야기하는 것이 중요하다. 그리고 내가 왜 존경하는지를 상세하게 이야기해야 한다. 그리고 물어보지도 않았는데 자신의 결점이 될 만한 부분을 굳이 말할 필요는 없다.

적용연습   년   월   일

준비된 상태에서의 대답	문제점과 개선책

부모님으로부터
어떤 가정교육을 받았는지
설명해 주십시오

Point

가훈을 대답해 주는 것도 좋은 답변이 될 것이다. 그러나 가훈들이 대부분 평범한 것이 많으므로 구체적으로 예를 들어 대답하면 좋은 점수를 받을 수 있을 것이다. 혹여 설명 속에 부모님이나 가계를 비난하는 것 같은 표현이 없도록 주의하는 것이 중요하다.

성공한 답변

부모님 두 분 모두 독립심을 중요시 하셨습니다. 용돈 기입장을 꼭 쓰게 하셨고 일기도 늘 쓰도록 말씀을 많이 하셔서 정말 어릴 적에는 귀찮았는데, 커서 버릇이 된 후에는 정말 절 잘 가르쳐 주셨다는 생각을 하게 되었습니다. 저희 집 가훈은 "남을 잘 섬겨라. 그것이 곧 복이 된다"입니다. 커가면서 남을 잘 대하고 스스로 책임을 져야한다는 것을 배우면서 자랐습니다. 덕분에 섬김의 정신과 자주성을 체득할 수 있었습니다.

실패한 답변

아버지는 늘 일이 바쁘셔서 거의 만날 수 없는 날이 많았습니다. 그러나 아버지를 원망한 일은 없습니다. 그래서 당연히 어머니로부터 주로 교육을 받았습니다. 다만 대학입시와 같은 중요한 일에 대해서는 어머니도 아버지께 의논하신 것 같습니다.

일상생활에서는 어머니와 보내는 시간이 많았기 때문에 생활태도나 성적에 관해서는 아버지로부터 지적을 받을 때가 많았는데, 꾸지람을 받게 될 때는 가슴이 아팠지만 꾸지람도 아버지의 사랑임을 새기며 상처는 마음에 담지 않으려고 애썼습니다.

◐ 문제점

아버지와의 관계에 대해 반드시 좋을 수는 없지만 나빴다는 것을 일부러 표현할 필요가 있을까? 이 자리는 정신과 의사나 심리상담가와 상담하는 자리가 아니다. 착각하지 말라. 기업 면접관들은 정상적인 가정에서 자라난 사람을 찾으려고 한다.

준비된 상태에서의 대답	문제점과 개선책

※ 위 질문에 대한 자신만의 대답을 준비가 다 된 상태라고 판단하시면 모범답안에 쓰십시오. 이런 과정을 두 세 번 정도 되풀이하면 완벽한 답안을 만들 수 있을 것입니다.

취직에 대한 상담을
누구와 했습니까?

Point

두 가지 경우가 있을 수 있다. 한 가지는 혼자 이 모든 것을 결정하였을 만큼 자립심이 강하다는 것을 보여주는 방법, 또 한 가지는 자신만의 판단이 아니라 다른 사람의 의견을 들을 줄 아는 유연한 자세와 인간관계의 폭을 갖고 있다는 점을 보여주는 것. 어떤 것이 좋을지는 대답하는 능력에 따라 달라진다. 자신의 특성에 맞춰 이야기하면 된다.

성공한 답변

저는 모든 일을 발품을 팔아가며 직접 확인하는 버릇이 있습니다. 그래서 각사의 회사안내 자료를 다 찾아보고 그 중에서 귀사에 지원할 것을 마음먹은 다음 부모님과 선생님들께 의논해서 인생의 선배로서의 의견을 구했습니다. 그 결과 저의 적성과 배운 점을 활용할 수 있는 직장이라고 격려해주서서 더욱 결심을 굳혔습니다.

좀 부족한 답변

제 자신의 취직은 평생과 관련된 일이고, 자신의 선택에는 자신이 책임을 져야한다고 생각해서 특별히 상담은 하지 않았습니다. 귀사에 지원한 것을 전화로 지방에 계신 부모님께 알려 드렸습니다.

⊙ 문제점

언뜻 자립심이 있는 것처럼 보이지만 자기중심적이라고 비칠 가능성이 크다. 특별히 이 예처럼 부모 곁을 떠나서 생활하는 경우엔 조심할 필요가 있다. 모범 답안으로는 자기 스스로 결정한 후에 선배에게 상담을 하는 자세는 자주성과 유연성 모두를 평가받을 수 있다. 친구와 의논했다고 말하는 경우가 자주 나오는데 별로 득이 되지 않는다. 내 친구 수준에서 의견을 구하기에는 조언자가 너무 어리다는 단점이 있다.

적용연습　　　　　　　년　　월　　일

준비된 상태에서의 대답	문제점과 개선책

추천해 주신 분이 있다면
추천자와의 관계에
대해서 설명해 주십시오

Point

추천자의 경우는 크게 두 가지가 있을 수 있다. 친인척 등 혈연관계에게서 추천받은 케이스가 있고, 교수님이나 선배 등 지인으로부터 소개받은 경우도 있을 수 있다. 두 경우 모두 밝혀지는 것을 원하지 않는 분이 있다면 숨겨야겠지만, 추천장을 써주는 정도라면 당당히 밝히는 것이 오히려 낫다.

성공한 답변(친인척인 경우)

이 회사가 속해 있는 계열 그룹사인 OO전자 김OO 전무님이 제 삼촌이십니다. 늘 제게 이 그룹사의 장점을 말씀해 주셨고, 저는 대학 1학년 때부터 이 회사에 들어오고 싶어서 인턴 사원으로 OO 영업점에서 일도 해 봤습니다. 저는 입사 준비도 처음부터 이 회사만 목표로 해

왔습니다. 마침 귀사에서 인력을 뽑으신다 기에 제가 추천장을 부탁 드렸고, 그동안 저의 노력해온 모습을 지켜보신 삼촌이 저를 기꺼이 추천해 주셨습니다.

성공한 답변(교수님의 경우)

대학교 시절 학과장님이신 OOO 교수님이 저를 추천해 주셨습니 다. 교수님과는 논문 준비는 물론이고 한국학 역사학회 회장을 하시 면서 지난 해 저희 학교가 주최 학교가 되어 전국 역사학자와 교수님 들을 모시고 큰 대회를 치렀던 적이 있었는데 성심성의껏 도와드렸더 니 크게 기뻐하시면서 좋은 회사 자리가 마침 났는데 가보라고 추천장 을 써 주신 것입니다.

교수님으로부터 앞으로도 매너와 기술 모든 면에서 노력하라는 격 려의 말씀을 들었습니다. 저도 교수님 그리고 귀사의 여러분의 기대 에 부응하도록 노력할 생각입니다.

부족한 답변

아버지가 귀사의 C부장님과 친분이 있는 관계로 '우리 회사에 취직 하는 게 어떻겠느냐' 라는 권유를 받았고, C부장님으로부터 두 번 정 도 전화로 이야기를 들었습니다.

적용연습   년   월   일

준비된 상태에서의 대답	문제점과 개선책

※ 위 질문에 대한 자신만의 대답을 준비가 다 된 상태라고 판단하시면 모범답안에 쓰
십시오. 이런 과정을 두 세 번 정도 되풀이하면 완벽한 답안을 만들 수 있을 것입니다.

회사를 어떻게 생각하는가?

— 기업에 대한 이해는 완벽하다

지원 동기는 입사하려는 이의 자세를 보여주는 절호의 기회다. 자신이 입사하는 것이 이 회사에 왜 도움이 되는지를 적극 설명하라.

◨ 포 인 트 ◨

왜 이 회사에 들어오고 싶은가를 물어보는 질문이므로 지원동기에 대한 답변은 매우 중요하다. 어떤 면에선 당락을 결정짓는 가장 중요한 질문이라고 할 수 있다. 다른 질문에서 두드러지게 답변을 못한 여학생이라면 부족한 점수를 이 답변 하나로 만회할 수 있는 기회가 될 것이고, 첫 인상에서 강렬한 느낌을 전달하지 못했어도 이 답변 하나로 다시 지원자를 바로 볼 수 있게 하는 질문이기도 하다.

그럼에도 많은 답변자들이 이 질문에 제대로 대처하지 못한다. 준비를 미리 시켜도 잘 안 된다. 그것은 기업에 대한 이해가 부족한 데다 질문자의 의도를 잘 깨닫지 못한 탓이다. 또 한 가지 원인은 여학생들 대부분의 지원동기가 그대로 상대방 기업의 장점을 열거해버리고 말기 때문이다. 면접관에게 잘 보이려고 지원 회사의 좋은 점만을 말해봤자 점수를 얻는 것은 힘들다. 이 회사가 좋으니까 들어가고 싶다는 답변을 면접관은 기대하지 않는 것이다. 이런 일을 하고 싶어서 들어가고 싶다는 말을 면접관은 바라고 있는 것이다.

이 질문은 반드시 나오는 필수 질문이므로 사전에 충분한 대답을 준비하는 것이 기본이다.

당신이 알고 있는
이 **기업의 장점**과 **단점**은
무엇이라고 생각합니까?

Point

장점을 이야기하는 것은 쉬워도 단점을 지적하는 것은 어렵다. 단점을 정직하게 이야기한답시고 확인도 되지 않은 낭설까지 말할 필요는 없다. 오히려 장점을 단점인 것처럼 돌려서 이야기하는 것도 좋은 방법이다.

성공한 답변

이 회사의 장점은 모든 사원들이 엘리트 의식을 갖고 일할 정도로 회사에 대한 긍지가 대단하다는 점입니다. 많은 선배들이 자신이 다니는 회사에 대해 불만이 많은데 반해 이 회사 출신 선배들 입에선 그런 불평을 좀처럼 듣기 어려웠습니다. 저희 학교에선 이 회사에 들어간 선배들을 대단히 부러워했고, 그래서 저도 이 회사에 입사를 결심하게 된 것입니다.

단점이라면 그런 것 때문에 너무 회사가 빡빡하고 인간미가 없어 보이는 점이 단점이라고 이야기들 하고 있습니다. 그런데 저는 그런 빡빡함이 저의 경쟁력을 더 하게 해 줄 것이라고 생각하기에 오히려 더 열심히 하고 싶어지는 면이 있다고 말씀드릴 수 있습니다.

다른 답변

이 회사는 끊임없이 신제품을 개발해 젊은 층의 인기를 독차지 하고 있습니다. 세대별 니즈를 정확히 파악해서 타깃을 노린 광고로 상품판매를 확실히 늘려가는 점도 장점이라고 생각합니다.

다만 반대로 생각하면 너무 제품수를 많이 만들어 놓을 경우 애프터서비스나 수요층 관리가 어렵게 되는 것은 아닐까... 그럴 가능성도 있지 않을까 생각합니다.

또 다른 답변

이 회사의 장점은 데이터베이스의 축적 부문이 굉장히 충실한 점이라고 생각합니다. 그렇기 때문에 안전하고 풍부한 데이터 관리 기업으로서 폭넓은 인기를 누리고 있다고 생각하며, 앞으로의 정보사회의 발전에 따라 더욱 수요가 늘어날 것으로 생각합니다. 단점은 취업을 준비하면서 특별히 이것이라고 느낀 점이 없었습니다.

⊙ 평가

단점을 지적하는 것이 생각보다 쉽지 않다. 자칫 비전문가가 말도 안 되는 소리를 하는 경우라든지 혹은 인터넷에 떠도는 확인되지 않은 정보를 발설할 수도 있게 된다. 특별히 조심할 일이다. 면접관이 그 단점을 듣고 회사 경영방침을 바꾸려 들 것도 아니고, 그 정도의 준비로 단점을 열거하기도 쉽지 않다.

적용연습

년   월   일

준비된 상태에서의 대답	문제점과 개선책

※ 위 질문에 대한 자신만의 대답을 준비가 다 된 상태라고 판단하시면 모범답안에 쓰십시오. 이런 과정을 두 세 번 정도 되풀이하면 완벽한 답안을 만들 수 있을 것입니다.

왜 저희 같은 지방의 중소기업을 골랐습니까?

Point

대기업은 이야기하기 쉽지만 중소기업이나 지방의 작은 기업들은 신중하게 답변할 필요가 있다. 이런 작은 기업들은 대기업에 늘 우수한 사람을 빼앗기고 있다는 피해의식이 있음을 기억해 두자. 그래서 중소기업은 자신에게 맞는 인재를 찾는다. 오래 다닐 수 있고, 성실한 인재를 찾는 곳도 많다. 톡톡 튀고 빼어난 경쟁력 있는 인재를 찾는 많은 대기업과는 다른 인재를 원하는 곳이 적지 않다는 것이다. 그것이 무엇인지 파악하자.

성공한 답변

사실 여학생들이 들어갈 만한 기업이 그리 많지 않은 것이 현실인데 이 회사는 남녀 차별이 없다고 들었고, 여사원의 기업 충성도에 기대를 걸고 있다는 대표이사님의 인터뷰 기사도 읽었습니다.

저로서도 이왕이면 집과 가까워서 출퇴근하기 편하고 지방에 기반을 두고 있어서 지역 주민들로부터도 기대를 받고 있는 귀사가 제게 맞을 것 같다는 생각을 하게 되었습니다. 오래 살아온 지역에서 일하면서 보람 있는 일을 할 수 있을 거라 생각해 지원하게 되었습니다.

또 다른 답변

저희 삼촌이 중소기업 출신으로 성공해서 지금은 작은 기업을 잘 운영하고 계십니다. 대기업보다 일도 빨리 배우고 성취감도 더 크며 여사원이라도 능력을 빨리 인정받을 수 있다고 해서 이 회사를 노크하게 된 것입니다.

또 대기업에선 개인이 작은 나사가 되어버릴 확률이 높다고 생각합니다. 중소기업이라면 제가 기업 전체를 책임지고 일할 수 있다고 생각합니다. 물론 회사도 사원 한 사람마다 큰 책임을 맡겨 주실 거라고 생각하고 지원했습니다.

> ❍ **평가**
>
> 겉에서 보이는 이미지만으로 대기업과 중소기업을 잘못 비교하다가는 망신을 당하기 쉽다. 중소기업이기 때문에 좋은 내용 즉, 친화력, 조화, 화합, 개성, 신속한 대응, 기술력, 세심한 서비스와 같은 구체적인 얘기를 예로 들어야 대답이 사는 법이다.

준비된 상태에서의 대답	문제점과 개선책

※ 위 질문에 대한 자신만의 대답을 준비가 다 된 상태라고 판단하시면 모범답안에 쓰십시오. 이런 과정을 두 세 번 정도 되풀이하면 완벽한 답안을 만들 수 있을 것입니다.

우리 **회사를 알게 된**
이유를 말씀해 보세요

Point

찬스다! 내 발품 실력을 알릴 수 있는 절호의 기회다. 이 질문이 나오기만 기다렸다는 듯이 확실하게 보여주자. 질문에 대답하면서 그동안 내가 이 회사에 들어오기 위해 얼마나 노력하였는지를 함께 보여준다면 금상첨화!!

성공한 답변

귀사의 출판물을 자주 보아 왔습니다. 특히 제가 좋아하는 심리학 서적을 많이 내고 있어서 대학 1학년 때부터 제가 거의 이 출판사 잭을 다 사서 읽었고 지금도 그 책을 다 가지고 있을 정도로 애독자이기도 합니다. 출판사의 편집자로 일하고 싶은 생각은 제가 책을 만들면 심리학 전공자로서 심리학이 왜 인문학 도서로서 이 사회에 꼭 필요한지를 알려주는 책을 만들고 싶습니다. 글로서 인문 도서는 안 팔린다는 잘못된 인식을 바로 잡아주고 싶습니다. 그런 생각으로 늘 이 회사를 지켜봐

왔기 때문에 이 회사를 누구보다 잘 알고 있게 된 것입니다. 그리고 무엇보다 여사원이 충분히 활약하고 있는 회사라는 점을 알게 되고는 더더욱 매력을 느끼게 되었습니다.

부족한 답변

TV CF에서 자주 봐서 친숙한 기업입니다. 워낙 잘 알려진 기업이지 않습니까? 취업을 준비하면서 먼저 귀사에 연락을 해 다이렉트메일을 받고 지원하게 되었습니다.

> **○ 문제점**
>
> TV 이야기를 들고 나올 땐 조심해야 한다. TV 이야기 정도로 다른 지원자와 차별화하기가 쉽지 않기 때문이다. 좀 더 나만의 이야기가 없을까 고민할 것. 내가 다른 이와 달리 어떤 경쟁력을 가진 여학생인가를 고민해 봐야 한다.

적용연습   년   월   일

준비된 상태에서의 대답	문제점과 개선책

가령 '건강합니까?' 라는 질문을 받았다고 합시다. 건강한 것은 기업에게 있어 필수조건입니다. 조금 힘든 일이라고 해서 바로 불만을 터트리거나 병가로 회사를 쉰다면 곤란하기 때문입니다. 그렇다면 '휴일에는 무엇을 합니까?' 라는 질문을 받았다면? '왜 사생활을 꼬치꼬치 캐묻는 거지?' 하고 생각한다면 잘못된 생각입니다.

면접관은 당신의 사생활에 관심을 가지고 있는 것이 아닙니다. 그저 얼마나 시간을 유용하게 사용하는지를 알고 싶을 뿐인 것이죠. 자기 자신의 시간을 잘 사용하지 못한다는 것은 업무 시간에도 손실이 클 지도 모른다는 것이니까요. 여기서 주의해야 할 점은 질문의 의도 – 면접관이 가장 알고 싶어 하는 것은 무엇인가 – 를 간파하는 것. 그리고 학생다운 풋풋하고 솔직한 태도로 답변하는 것입니다. 그리고 간단해도 괜찮으니까 이유도 반드시 잊지 말고 대답하도록 합시다. 또한 같은 답변이라도 그 방법에 따라 인상이 좌우된다는 점은 다른 분야의 질문이라도 마찬가지. 일상생활은 일견 간단해 보이므로 자신도 모르게 굳이 말하지 않아도 될 부분까지 대답해버리곤 합니다. 정직한 것은 좋지만 면접이란 것은 친구와의 대화가 아닙니다. 항상 사회인으로서 전향적인 자세를 보이도록 단단히 마음가짐을 갖도록 합시다.

(일본의 ○○○ 저자 ○○○○씨 글에서 발췌)

당사에 **지원한 이유**는
무엇입니까?

Point

이제 본론이다. 왜 지원했는지를 결정적으로 밝혀서 면접관의 마음에 뽑겠다는 확신과 대못(?)을 박아야 한다. 광고 카피 같은 미사여구만으로는 여간해서 면접관의 마음을 움직일 수 없다. 자신의 지원동기를 증명할 수 있는 말솜씨가 필요하다

성공한 답변

지금까지 저는 몇 번의 배낭여행과 국내 여행을 해 봤는데 늘 느낀 것은 제대로 된 관광 가이드와 전문가를 만나 본 적이 없었다는 것입니다. 일본 오키나와에 갔을 때 연세가 지긋한 할머니 안내원이 나오셨는데 역사에 대한 지식이 얼마나 해박한지 감탄하지 않을 수 없었습니다. 전공이 관광학이니만큼 이왕 이 일을 할 생각이면 최고의 전문가가 되고 싶은 것이 솔직한 욕심입니다.

여행도 즐기고 다른 사람들에게 즐거움과 교양도 부어줄 수 있는 직업이 관광 가이드직이라고 생각하게 되었습니다. 그래서 관광분야에서 우리나라 최고의 기업이라고 평가받고 있는 이 회사에 지원하여 제 목표와 꿈을 이룰 수 있으면 좋겠다고 생각한 것입니다.

또 다른 답변

중어중문학을 전공하면서 그동안 학술제나 세미나 등에 많이 참가했는데 한국과 중국을 잇는 가교 역할을 할 만한 교재들이 생각보다 없었습니다. 수준이 높고 그러면서도 재미있는 중국 정보를 만들어 책으로 꾸며 보고 싶다는 생각을 하게 되어서, 중국 출판물을 많이 만들어 내시는 이 회사에 지원하게 된 것입니다. 꼭 저도 이 분야의 한 획을 담당하고 싶어 지원하게 되었습니다.

> ● **평가**
>
> 면접관들의 욕심을 채워 줄 수 있는 수준 높은 답변들이다. 그런데 이 경우 추가적인 질문이 나올 수 있다는 생각을 갖고 준비해야 한다. 추가질문을 받았을 때 답변이 서툴면 앞의 평점을 다 감점하게 되는 결과가 될 수 있으므로 주의할 것.

준비된 상태에서의 대답	문제점과 개선책

※ 위 질문에 대한 자신만의 대답을 준비가 다 된 상태라고 판단하시면 모범답안에 쓰십시오. 이런 과정을 두 세 번 정도 되풀이하면 완벽한 답안을 만들 수 있을 것입니다.

저희 업종에선 비슷한 규모의 회사가 많습니다. **왜 특별히 우리 회사**에 입사하려고 하십니까?

Point

어떤 면에서 이런 질문을 하는 기업은 일류 기업은 아니라는 생각이 든다. 자신이 있으면 이런 질문을 하지 않기 때문이다. 그러므로 왜 다른 회사와 어떤 차이점 때문에 매력을 느꼈는지 구체적으로 설명할 것. 중요한 것은 이 때 비슷한 다른 회사의 비판을 함부로 하지 않아야 한다는 것이다.

성공한 답변

규모론 봐서는 이 회사가 특별히 다른 기업과 차별화되는 부분이 없을 것이라고 생각하기 쉽겠지만 저는 다른 각도에서 이 회사를 좋게 보았습니다. 지원서를 준비하느라 같은 업종의 여러 기업의 홈페이지를 방문했는데 유독 이 회사만이 고객의 소리를 듣는 주부모니터제도와 고객감동 이벤트를 전면으로 내세우고 있는 점이 마음에 끌렸습니다. 게다가 사보를 읽었는데 평사원과 관리자들 간의 화합이 다른 회사와는 비교할 수 없을 만큼 조화로워 보였습니다. 그 점에 감동이 와서 지원하게 된 것입니다.

부족한 답변

이 회사의 장래 전망이 좋다는 평가를 누군가에게 들었습니다. 제 목표를 달성하려면 좋은 기업에서 일해야 한다고 생각하였습니다. 또 TV에서 광고도 많이 하고 있고, 소비자도 이 회사를 많이 알고 있어서 앞으로도 규모가 더 크게 늘어날 것이라 생각합니다. 제 꿈을 펼치기에 딱 좋은 기업이라고 생각한 것입니다.

취직을 하는 데 있어 회사안내와 설명회, 선배들의 의견을 듣고, 소비자의 니즈도 어떻게 반영해나갈지에 대한 선견지명 그리고 여성사원들의 등용에도 감동을 받아 귀사의 일익을 담당하고 싶다고 생각했습니다. 안정성과 장래성을 생각해서 귀사에 지원했습니다.

> **◐ 문제점**
> 다소 이기적인 답변이라는 생각을 하게 만들지 않았을까? 너무 자기에게 좋은 점만 모두 말하는 그런 인상을 받는다. 안정성을 강조하면 수동적이라는 이미지가 생긴다.

준비된 상태에서의 대답	문제점과 개선책

TIP 기업을 지원하기 위해 얼마나 열의를 보였는지 나타내라

최종 면접에 이르기까지 많은 준비와 시험을 거쳤을 것이다. 그 과정에서 얻은 경험과 지혜를 면접관에게 전달하라.

'이 기업을 알기 위해 이렇게 했다', '기업의 이해를 위해 이런 저런 노력을 했다', '덕분에 새로운 많은 것을 알게 되었다', '기업에 대한 이미지가 새로워졌다'

최종 면접까지 올라오게 된 것에 대해 감사할 것. 그리고 자신이 얼마나 열의를 갖고 여기까지 왔는지 강하게 어필하는 것이 중요하다. 다른 경쟁자들도 잘 되길 바란다는 인사말도 좋다. 어떤 순서로 어떤 방법을 사용하면 효과적일지 고민해서 철저한 답변을 준비하도록 하자. 사실 회사선배 방문과 회사설명회에 대한 일반적인 인상 등에 대해서는 면접관은 너무 많이 들어 질릴 정도가 되지 않았을까? 척 들어서 '야 그거 재미있다!' 거나 '허~ 그것 참 대단한 열의로군!' 이라는 인상을 심어줄 수는 없을까 고민하라. 뻔한 답변보다 면접관을 납득시킬만한 지식과 논리성, 증명력이 있다면 좋은 점수를 받을 수밖에 없다.

당신의 **희망직종**은 무엇입니까?

Point

마케팅, 영업, 지원부서(인사, 기획, 총무, 경리) 등 업무내용을 어디까지 파악하고 희망하는지 알고 있음을 표명하라. 왜 그 일이 내게 맞는지를 입증하든지, 그 일을 왜 하고 싶은지를 밝히는 것이 중요하다.

성공한 답변

저는 마케팅 일을 꼭 하고 싶습니다. 저는 마케팅 공부를 하면서 책도 많이 읽었고, 특히 온라인 마케팅 분야에 관심이 많습니다. CRM(고객관계관리)과 고객관리이론도 공부한 적이 있습니다. 실무경험은 없지만 그 경험을 꼭 귀사에서 활용하고 싶습니다.

다른 답변

저는 데이터베이스 관리직을 하고 싶습니다. 저는 오라클에서 관련 자격증도 받았고 훈련도 마쳤습니다. 성격이 꼼꼼하고 데이터를 만지는 것이 정말 재미있습니다. K 전산에서 아르바이트를 할 때도 데이터베이스 관리를 맡아 일 잘한다는 칭찬을 받았습니다.

또 다른 답변

기획 일을 하고 싶습니다. 지금까지 광고연구회에 소속되어 각종 정보 수집 일을 한 경험도 있고, 대학 축제 이벤트를 기획한 경험도 있습니다. 따라서 참신한 아이디어를 낼 수 있습니다. 기획은 늘 새로운 일을 찾는 훌륭한 직종이라고 생각합니다.

● 평가

기획 일은 예전이나 지금이나 인기가 높다. 면접관이 동의하고 고개를 끄덕일 경험들을 쏟아내는 것이 중요하다. 참신한 아이디어를 낼 수 있다면 바로 검토할 수 있는 구체적인 안을 내든지, 준비해 온 과제가 있으면 발표하라.

적용연습

년   월   일

준비된 상태에서의 대답	문제점과 개선책

희망직종의 일에
배치되지 않으면 어떻게 할 겁니까?

Point

희망직종에 대한 열의와 집중력을 버리고 금방 되돌아서는 모습을 보이지는 말 것, 그러나 계속 해서 고집을 부리면 취업이 안 될 수 있다. 돌아가도 원하는 직종으로 가는 방법은 얼마든지 있다.

성공한 답변

꼭 제가 원하는 직종을 하고 싶지만 회사 형편상 그럴 수 없다면 우선 맡겨진 업무를 하면서 더 공부하고 제 자신을 발전시켜서 다음에 다시 한 번 도전해 보고 싶습니다. 또 언젠가는 제게 반드시 기회가 올 것이라고 생각하고, 그 때를 위해 더 노력하면 된다고 생각합니다.

다른 답변

제가 원하는 직종이 아니면 입사를 포기하겠습니다. 삼수 사수를 하더라도 저는 다음에 다시 이 직종을 향해 도전하겠습니다.

또 다른 답변

귀사에 들어갈 수 있다면 저는 어떤 직종이라도 최선을 다하겠습니다. 회사가 정해준 대로 어떤 일이든지 잘 할 수 있습니다.

○ 평가

뒤의 두 가지 답변에 대해 면접관마다 혹은 기업마다 반응이 달라질 수 있다. 절대 다른 일은 안 한다고 버텨서 받아줄 곳도 있을 수 있고, 그렇지 않을 수도 있다. 또 어떤 직종이든 상관없다는 것은 편리하다고 생각할지도 모르지만 직종에 대한 자세를 의심받을 수도 있다. 기업의 체질을 고려해서 현장 분위기를 봐 가며 답변을 하자.

적용연습

년   월   일

준비된 상태에서의 대답	문제점과 개선책

다른 지역에서
근무하는 것이 가능합니까?

Point

회사의 지역본사 같은 곳에서 지방 근무를 할 수 있는지를 묻는 질문이다. 사정상 지방 근무가 안 되는 사람이라면 정확하게 안 되는 사유를 말하는 것이 현명하다. 섣불리 욕심을 냈다가 나중에 못 간다고 하면 큰 문제가 될 수도 있다. 웬만한 사정이 없는 한 유연성을 나타낼 수 있는 답변을 할 것.

성공한 답변

어디서든 가능합니다만 여자의 몸이라서 그래도 사전에 어느 쪽인지는 알고 입사를 준비하고 싶습니다. 낯선 지역이라도 새로운 시각으로 열심히 하면 할 수 있을 것이라고 생각합니다.

다른 답변

생각해 본 적이 없습니다만 꼭 그래야 한다면 이왕이면 경상도 지역에서 일하고 싶습니다. 아버지의 고향이 대구이고, 저희 집안에 어르신들이 다 경상도에 골고루 살고 계십니다. 믿을 곳이 있으면 아무래도 부모님께서도 마음을 놓고 저를 보내 줄 수 있을 것이라고 생각합니다.

◑ 평가

여자의 경우 지방 근무를 물어본다는 것은 뽑고는 싶다는 의사 표시로 봐도 될 듯하다. 하지만 두 번째 대답이 더 현명하고 조신해 보인다. 부모님 배려도 하면서 할 말은 하고 있는 모습을 당당하게 보인 탓이다. 친인척 거주지를 기업의 플러스 측면으로 활용하겠다는 결론에서 호감을 얻을 수 있다.

적용연습

년　월　일

준비된 상태에서의 대답	문제점과 개선책

고향이 목포인데 왜
고향으로 돌아가서 취직하지 않습니까?

Point

여성의 몸이라 자택에서 출퇴근할 수 있는 고향이 어떠냐는 일종의 유도 심문이다. 반응과 임기응변, 생각을 들어보겠다는 면접관의 제스처일 가능성이 높으므로 당당하게 이야기하자.

성공한 답변

저도 그러고 싶어서 이 회사에 입사 서류를 내기 전에 인사팀에 상담을 해 봤더니 고향에는 이 회사의 자회사나 지역본부가 없었습니다. 그래도 이 회사에 꼭 입사하고 싶어서 자취 생활을 할 작정으로 지원한 것입니다. 저는 이 회사에 꼭 입사하고 싶습니다. 나중에 고향에 지사가 생기면 내려가서 일하고 싶은 마음도 있습니다. 부모님도 제 생각을 절대 찬성하시고 이를 응원해주시고 계십니다.

제 고향은 워낙 시골이라 취직할 만한 기업을 찾기 어렵습니다. 당분간은 도시에서 경력을 쌓고 싶습니다.

○ 평가

'지방엔 취직할 만한 회사가 많지 않다' 이 말은 맞는 말이긴 하지만 좀 부족하다. 더 적극적인 답변이 요구된다. 내가 뭘 하고 싶어서 이 회사에 온 것이라는 답변을 내야 한다.

적용연습

<table>
<tr><td colspan="2"></td><td>년   월   일</td></tr>
<tr><td colspan="2">준비된 상태에서의 대답</td><td>문제점과 개선책</td></tr>
<tr><td colspan="2"></td><td></td></tr>
</table>

※ 위 질문에 대한 자신만의 대답을 준비가 다 된 상태라고 판단하시면 모범답안에 쓰십시오. 이런 과정을 두 세 번 정도 되풀이하면 완벽한 답안을 만들 수 있을 것입니다.

왜 고향으로 꼭 돌아와서 취직하려고 하십니까? 서울에는 얼마든지 취직할 곳이 있을 텐데 말이죠

Point

무엇 때문인지를 구체적으로 정확하게 설명한다. '부모님 때문에'라는 대답도 좋지만 이왕이면 고향에 대한 애착이나 고향에서만 가능한 일이라는 생각을 하고 왔다는 식으로 대답하는 것이 설득력 있다.

성공한 답변

저는 이 지역 출신이고 고등학교도 여기서 나왔습니다. 또 서울에서 공부하면서 느낀 것은 지방과 서울의 격차가 너무 심하게 나타나고 있어서 지방의 후배들과 입사지원생들이 큰 손해를 보고 있다고 느끼고 있었습니다.

그래서 저는 저 혼자서라도 이곳에 내려와서 모두가 서울로 올라갈 때 지방을 지키고, 지방을 위해 일할 수 있는 일꾼도 있다는 것을 보여 주고 싶었습니다. 저는 이 지역의 특성을 누구보다 잘 이해하고 있습니다. 제게 기회를 주시면 지역 발전과 기업의 성장에 큰 도움이 되도록 노력하겠습니다.

실패한 답변

서울에선 스트레스에 소음과 공기가 나쁜 데다가 친구들마저 사귀기 어려운 곳이었습니다. 그래서 인심 좋고 공기 좋고 넉넉한 시골이 너무 그리웠습니다. 외동딸이기도 해서 가능하면 부모님 곁에 있고 싶습니다.

● 문제점

솔직해서 좋긴 한데 스트레스를 받는 것과 친구를 제대로 사귀지 못한 점 등이 부족한 사람이라는 느낌을 줄 수도 있다는 사실을 기억할 것. 일을 하는 사람은 누구나 스트레스를 받는다. 그런데 면접 볼 때부터 스트레스는 싫다고 말하는 건 좀 곤란하다. 부모님 곁에 있겠다는 것은 좋으나 의존적으로 보이지 않도록 말해야 한다.

준비된 상태에서의 대답	문제점과 개선책

※ 위 질문에 대한 자신만의 대답을 준비가 다 된 상태라고 판단하시면 모범답안에 쓰십시오. 이런 과정을 두 세 번 정도 되풀이하면 완벽한 답안을 만들 수 있을 것입니다.

TIP 기숙사 근무와 해외 근무에 대해 물어볼 때

입사하고 싶으면 할 수 있다는 대답을 내놔야 한다. 다만 가정형편상 도저히 어려운데 거짓으로 대답하면 곤란하다. 해외 근무는 일부러라도 나가서 경험을 쌓고 싶은 사람이 많은데 이런 질문을 받으면 당연히 보내주시면 최선을 다해 경험을 쌓고 회사 발전을 위해 일하겠다고 다짐하라.

5

회사를
선택한 이유

- 9가지 유망 직종을 통해 본 면접 시뮬레이션

Question 1

백화점 업계를
선택한 이유는 무엇입니까?

☞ Point

유통업계의 꽃이라 불릴 만큼 화려한 업계의 대표 업종이다. 왜 백화점을 택해 지원했는지를 구체적으로 이야기하자.

성공한 답변

백화점은 의류패션, 화장품, 액세서리 등 여성과 남성들의 패션 현장을 리드하는 일등 유통업이라고 생각합니다. 저는 일찍부터 패션에 관심을 갖고 있었고, 전공 또한 의상학이라서 제가 배운 학문과 현장을 곧바로 연결하여 접목할 수 있는 좋은 기회가 될 것이라고 생각했기 때문에 이 백화점을 지원하게 된 것입니다.

실패한 답변

저는 백화점 업계가 다른 유통업계보다 대우가 가장 좋고, 일도 많

지 않다는 이야기를 들었습니다. 그래서 선배의 소개로 이 백화점에
지원하게 되었습니다.

> ● **문제점**
>
> 사실이 그렇다 하더라도 질문에 답할 때는 보다 우회적인 표현이 필요하다. 예를 들면 "실력과 대우 면에서 가장 좋은 백화점이라는 이야기를 들었는데 저도 열심히 배워서 최고가 되고 싶어 여기에 지원하게 됐다."는 식으로 말하면 좀 더 나을 것이다.

적용연습

년   월   일

준비된 상태에서의 대답	문제점과 개선책

※ 위 질문에 대한 자신만의 대답을 준비가 다 된 상태라고 판단하시면 모범답안에 쓰십시오. 이런 과정을 두 세 번 정도 되풀이하면 완벽한 답안을 만들 수 있을 것입니다.

왜 **금융업(증권업계, 은행업계)**에 지원했습니까?

Point

면접관은 '왜 이 업계를?'이 궁금하다. 업계에 대해 얼마나 알고 있는가, 얼마나 열정을 갖고 있는가를 물어보고 싶은 것이다.

성공한 답변

저는 부모님이 두 분 모두 금융업에 종사하셨습니다. 그래서 어릴 때부터 금융업에 대한 이해가 남달랐다고 할 수 있습니다. 아버지는 아직도 모 금융지주 회사의 고문으로 일하고 계십니다. 저도 그래서 대학 시절 전공을 금융과 유관한 분야로 택한 것입니다.

실패한 답변

금융업은 요즘 대학생들이 가장 선호하는 업종입니다. 저도 그래서 이 업종을 택하게 된 것이고, 열심히 배워서 경쟁력 있는 기업에서 일하고자 하는 것입니다.

실패한 답변

얼마 전 보도에 따르면 연봉이 가장 많은 직종이 금융업이고, 복지나 대우도 가장 좋다는 이야기를 들었습니다. 저는 최고의 대우를 받는 직장에서 일하고 싶습니다. 그만큼 준비도 잘 되어 있다고 생각합니다.

❍ 문제점

대우나 복지만을 이야기하는 것은 뭔가 부족해 보인다. 젊은 사람이 돈만 쫓아다닌다는 인상을 줄 수도 있다. 자신이 얼마나 준비가 되어 있는지도 상세하게 이야기할 수 있어야 한다.

적용연습 　　　　　　　　　　년　　월　　일

준비된 상태에서의 대답	문제점과 개선책

이벤트 업종에
지원한 이유는 무엇입니까?

Point

이벤트 업종에 대해 얼마나 이해하고 있는지, 그 일을 얼마나 좋아하는지, 경험도 있다든지 하는 나의 준비 상황을 함께 이야기하라.

성공한 답변

저는 3학년 때부터 결혼식 이벤트 업체에서 아르바이트를 해 왔는데 일이 너무 재미있고, 할 때마다 성취감도 크게 느꼈습니다. 그래서 졸업 후에는 꼭 이 일을 해보고 싶어서 지원하게 되었습니다. 재미있는 일을 즐겁게 할 수 있으면 그것만큼 행복한 일이 어디 있겠습니까? 저는 꼭 이 일을 하고 싶습니다.

실패한 답변

저는 이벤트 업종이 재미있을 것이라고 생각하고 지켜봐 왔습니다.

마침 선배 한 분이 이 업계에 계셔서 일을 여쭤봤고, 잘 안내를 해 주셔서 이번에 지원하게 되었습니다. 꼭 이 회사에 입사해서 이벤트 업종에서 일하고 싶습니다.

◐ 문제점

답변이 무난한듯하지만 실제로는 전혀 구체적이지 못하다. 말을 잘 하는 것 못지않게 중요한 것은 구체적 사실을 증거로 들이대는 것이다. 면접관이 들어서 일리가 있다는 느낌을 주어야 한다.

적용연습

	년 월 일
준비된 상태에서의 대답	**문제점과 개선책**

※ 위 질문에 대한 자신만의 대답을 준비가 다 된 상태라고 판단하시면 모범답안에 쓰십시오. 이런 과정을 두 세 번 정도 되풀이하면 완벽한 답안을 만들 수 있을 것입니다.

Question

많은 업종 가운데
왜 여행 업계를 지원했습니까?

🖊 Point

여행이 좋아서라고 대답하는 것은 너무 평범하다. 보다 더 구체적인 나만의 것은 없을까? 내가 왜 여행업계에서 일하려 하는지에 대한 동기가 설명되면 훨씬 그럴 듯해 보인다.

성공한 답변

3학년 때 실크로드를 횡단하는 배낭여행을 하고 돌아온 적이 있었습니다. 그 경험이 제게 여행업종을 제가 평생 일하고 싶은 직종으로 만들고 말았습니다. 지금 해외여행이든 국내 여행이든 간에 고객이 특별하게 원하는 개성적인 여행을 하는 사람들이 늘고 있습니다. 지금까지의 단체여행과는 다른 다양한 니즈에 부응하는 서비스가 요구되고 있는데 저 같은 사람들이 여행업계에 많이 들어와서 여행 기획을 고안해내는 사원이 많아진다면 도움이 되지 않을까 생각해 보았습니다.

또 다른 답변

저는 아버님이 외교관이기 때문에 초등학교 시절에는 미국, 중학교 시절에는 캐나다에서 생활했습니다. 그래서 어학에는 자신이 있습니다. 그리고 각 나라의 특유의 문화를 고객들에게 전달하는 일에는 깊은 관심을 가져 많은 책을 읽어 왔습니다. 그래서 저는 국제여행파트에서 일하고 싶어서 지원하게 된 것입니다.

○ 평가

자신이 가진 장점을 답변 속에 적절하게 녹여 넣었다는 점에서 잘 준비한 답변이라고 생각한다. 이처럼 내가 왜 이 업종에 대해 강한지를 이야기하는 것도 좋은 면접 방법이라고 판단된다. 특히 여행업에서 어학이 강하다는 것이 얼마나 큰 메리트인지는 두 말할 필요가 없을 것이다.

적용연습

년   월   일

준비된 상태에서의 대답	문제점과 개선책

우리나라는 몇몇 대규모 출판사를
제외하곤 출판은 업종 자체가 영세하고
규모나 복지가 미미한데
왜 출판사에 지원했습니까?

Point

사실 규모나 복지, 대우 면에서 부족하고 열악한 것이 출판 업종만은 아니다. 소위 창의적인 일에 도전하기 위해서는 면접 때부터 개성을 드러내지 않으면 점수를 받기 어렵다.

성공한 답변

대학에 다니면서 잡지사 아르바이트로 정보를 모으고 사진을 정리하는 일을 했었습니다. 실제 취직을 생각하게 되면서 정보화 사회 속에서 정보발신자의 역할을 하는 것은 대단히 중요한 일이라고 생각하게 되었고, 그런 희망을 멋지게 실현할 수 있는 곳이 바로 출판업종이라고 생각하게 되었습니다.

필진 확보를 위해 많은 사람들을 만날 수도 있을 거라 생각하고, 그렇게 되면 자신도 더욱 성장할 수 있을 것으로 생각합니다. 또한 여성으로서의 섬세함과 관찰력을 활용할 수 있을 것이란 점도 매력적이라 생각합니다.

부족한 답변

지금 영상 매체에 밀리고 컴퓨터에 밀려 문자를 멀리하는 것이 문제가 되고 있습니다. 그래서 향후 책에 대한 수요가 틀림없이 줄어들 것입니다. 저는 이런 어려움을 겪고 있는 출판 업종에 들어가 새로운 시대에 맞는 영상 세대를 위한 책을 만들고 싶습니다.

◑ 문제점

말은 좋은데 뭘 어떻게 하겠다는 것이 부족해 논리가 애매모호하다. 그리고 새로운 시대에 맞는 영상세대를 위한 책이란 뭘 말하는 것인지 자신의 구체적인 증거를 보여주지 못하고 있는 것이 약점이다.

준비된 상태에서의 대답	문제점과 개선책

※ 위 질문에 대한 자신만의 대답을 준비가 다 된 상태라고 판단하시면 모범답안에 쓰십시오. 이런 과정을 두 세 번 정도 되풀이하면 완벽한 답안을 만들 수 있을 것입니다.

왜 물류유통 업계에
지원했습니까?

Point

물류 유통업은 다른 업종에 비해 아직 열악하고, 또 한편으로는 육체적 노동이 필요하다는 인식이 깔려 있는데 여성으로서 어떻게 할 것인지, 얼마나 알고 있는지를 잘 보여주어야 한다.

성공한 답변

저는 물류 유통업이 고달프고 힘들다는 이야기를 들었습니다. 그리고 아직도 다른 업종에 비해 정보화 수준이 약하다고 들었습니다. 저는 그런 점이 오히려 마음에 들었습니다. 제가 할 일이 많을 것 같기 때문입니다. 제가 배운 전산 개발 능력을 물류전산에 활용할 수 있으면 참 좋겠다는 생각을 하고 있습니다.

지금 온라인 서점 등 온라인 업종의 활성화 이면에는 그 뒤를 받쳐 주어야 할 Back-end 분야의 전산 개발자나 운영자가 턱없이 부족하다는 업계 임원 분들의 하소연을 들은 적이 있었습니다.

그래서 저는 이 업종에 들어와 반드시 저의 역할을 할 수 있을 것이라고 믿고 있습니다.

좀 부족한 답변

저는 사람을 만나고 이야기를 나누는 것을 좋아합니다. 귀사에 입사할 수 있다면 꼭 직접 판매 현장에 나가 일을 해보고 싶습니다. 많은 사람과 만나면서 세상을 접하는 것은 제 자신에게도 유익할 것이라고 생각하고, 지금의 시대가 요구하는 것을 실제 제 피부로 느껴보고 싶습니다. 특히 유통업의 현장에 가서 역동적인 삶의 현장을 느껴보자고 결심하고 있습니다.

▶ 문제점

좋아하는 것만으로 직종을 선택했다는 것은 좀 설득력이 없어 보인다. 다만 내 성격을 이렇게 활용하고 싶다는 자신감과 포부를 말하는 것은 좋다. 전체적으로 답변의 수준이 부족한 수준이라고 생각된다.

준비된 상태에서의 대답	문제점과 개선책

※ 위 질문에 대한 자신만의 대답을 준비가 다 된 상태라고 판단하시면 모범답안에 쓰십시오. 이런 과정을 두 세 번 정도 되풀이하면 완벽한 답안을 만들 수 있을 것입니다.

왜 컴퓨터 회사로 들어오고
싶어 하는 것입니까?

Point

컴퓨터 다루기를 좋아한다는 정도로 말을 끝내면 뭔가 부족하다. 좀 더 구체적이고 강력한 증거를 제시하라. 왜 컴퓨터 회사에 내가 필요한지를 이야기해야 취업이 가능하다. 나만의 강점도 함께 붙여라. 면접관을 설득 하는 기술이 필요하다.

성공한 답변

정보사회의 발전에 따라 시대흐름이 IT 기술 전문가들을 엄청나게 요 구하고 있습니다. 특히 저는 소프트웨어 개발팀 같은 곳에서 제 능력을 발휘하고 싶습니다. 꼼꼼한 제성격도 이 일에 적성이 맞는 것으로 나타 나고 있습니다. 대학교 4학년 때 전국 IT 소프트웨어 경진대회에 제가 속한 동아리가 출전해서 장려상을 받은 적이 있습니다. 이런 경험들이 IT 업종에서 제가 활용될 수 있는 준비를 갖춘 것으로 생각합니다.

저는 대학에서 정보관리학을 전공하였습니다. 우리나라는 IT 기술 강국으로 현재 컴퓨터는 각 가정에 1대씩 보급되어 있는 상황인데 그에 따른 질 높은 소프트웨어 개발에 제가 배운 것을 조금이나마 활용할 수 있을 것으로 생각하여 지원하게 되었습니다.

◑ 문제점

뭔가 조금 부족하다는 느낌을 준다. 말은 알아듣겠는데 정작 본인의 이야기는 들을 것이 없다. 면접관들 기억에 뭔가 남겨주고 싶으면 안 한 일도 했다고 할 판인데 살아오면서 겪고 들었던 좀 더 자세하고 그럴 듯한 뭔가를 찾아내 이야기해 주어야 한다. 더 연구하고 더 준비하라.

적용연습

년   월   일

준비된 상태에서의 대답	문제점과 개선책

왜 비서직에 대해
지원하신 겁니까?

✒ Point

비서직에 왜 지원했는지를 물어보는 것은 지원자가 비서직이라는 것에 대해 어떻게 알고 왔는지, 평소의 생각은 어떤지를 물어보는 것이다. 그러므로 비서직이 요즘 어떤 평가를 받고 있는지, 자신은 어떤 생각인지를 정확히 밝히는 것이 중요하다.

성공한 답변

비서직이 차 심부름이나 하고 모시는 윗사람 심부름이나 하며 전화 받아주는 정도의 일이라면 굳이 비서직을 지원할 필요가 없을 것입니다. 대성그룹의 전 모 이사님, 또 이름만 대면 다 아는 출판사 사장님으로 계시는 김 모 사장님, 통신회사 전무이사로 계시는 김 모 이사님 등은 모두 비서직 출신으로 경영자가 되신 분이라고 들었습니다.

특히 대성그룹 전 모 이사님은 30여년간 비서직을 수행하면서 회장의 오른팔 역할을 해 온 분이라고 알고 있습니다. 저는 그 분의 강의를 잠시 들은 적이 있었는데 그 당시 깊은 감명을 받아서 반드시 비서직이라는 일을 해보고 싶었습니다. 저도 이 일을 통해 가장 경영과 깊숙한 전문비서직의 일을 맡고 싶습니다.

또 다른 답변

저는 국민교사라 불리는 이 모 교수님의 비서를 알고 있는데 개인적으로는 제 학교 선배가 됩니다. 그 교수님은 공·사직의 다양한 직함을 맡으면서도 그 선배를 비서로 계속 채용하고 있는 것으로 알고 있습니다. 한 분을 그토록 오랫동안 모실 수 있는 것은 아무나 할 수 있는 것이 아니라고 생각합니다. 철저한 신뢰와 전문가적인 업무 처리가 가능하기 때문에 그것이 가능하다고 생각합니다.

저도 그런 선배처럼 철저한 신뢰와 전문가적인 업무처리가 가능한 전문 비서직으로 살아가고 싶습니다.

◑ 평가

이렇게 구체적으로 답변하면 면접관들의 마음도 움직일 수 있다. 누가 들어도 그럴 듯하게 답변하는 것이 면접의 기술이다.

준비된 상태에서의 대답	문제점과 개선책

※ 위 질문에 대한 자신만의 대답을 준비가 다 된 상태라고 판단하시면 모범답안에 쓰십시오. 이런 과정을 두 세 번 정도 되풀이하면 완벽한 답안을 만들 수 있을 것입니다.

심리상담가 직종을
선택한 이유는 무엇입니까?

Point

심리상담가라는 직종이 얼마나 필요한 일인지, 앞으로 내가 왜 그 일을 잘 할 수 있을 것인지를 살펴 대답하여야 한다.

성공한 답변

현대인들 가운데 25%가 정신과 질환을 겪고 있다는 보도를 접한 적이 있습니다. 저는 어머니가 젊으셨을 때 우울증으로 심한 고생을 하시는 것을 본 적이 있습니다. 지금은 다행하게도 많이 나아지셨지만 그 후로부터 사람들의 심리상태를 연구하고 공부하는 것에 관심을 붙이게 되었습니다. 전공도 그래서 심리학을 하게 되었습니다.

저는 이 회사에서 고객들의 심리상태를 점검하는 일을 하고 싶습니다. 고객들의 심리상태를 점검하고 관리하는 것이 얼마나 중요한 일인지를 잘 알고 있습니다. 고객의 심리를 잘 파악하고 대응책을 찾아

내는 것은 반드시 필요한 일이며 그것이야말로 제가 할 일이라고 믿고
있습니다.

부족한 답변

심리적인 상태를 연구하고 사람의 마음을 살피는 일은 제가 꼭 하
고 싶은 일 가운데 하나입니다. 졸업 후에 진로를 생각하면서 저는 심
리학을 전공한 학생으로 가장 제게 어울리는 직종인 심리전문가가 되
는 것이 좋겠다는 생각을 하게 되었습니다.

이 회사에 심리전문가를 필요로 한다는 이야기를 들었을 때 바로
제가 그 적임자라는 생각을 하게 되었기에 지원하게 된 것입니다.

> ● **문제점**
>
> 부족한 답변을 보면 답변자가 충분한 준비를 하지 못했다는 것을 알 수 있다.
> 대답 자체가 추상적이다. 내가 왜 그 일에 필요한지를 상세하게 구체적으로 설
> 명하지 못하고 있다. 왜 내가 적임자인지를 설명해야 하는데 그것이 없다. 나와
> 심리전문가를 연결 짓는 고리가 필요하다. 무슨 직종이든 대답의 원칙은 이것
> 이다. 내가 그 일과 어떤 관련이 있어서 이 일을 하고 싶어졌다는 이야기를 할
> 필요가 있다.

준비된 상태에서의 대답	문제점과 개선책

※ 위 질문에 대한 자신만의 대답을 준비가 다 된 상태라고 판단하시면 모범답안에 쓰십시오. 이런 과정을 두 세 번 정도 되풀이하면 완벽한 답안을 만들 수 있을 것입니다.

면접관의 **면접기법**

　면접관들이 어떤 면접기법을 갖고 우리 독자들인 여학생들을 대할 것인가를 미리 살펴보기 위해 현역 기업가나 공무원들이 활용하는 면접기법들을 몇 가지 소개하고자 한다.

　면접관들은 하나의 면접기법을 선택하여 평가할 수 있고, 2~3개의 면접기법을 혼합하여 평가할 수 있다. 어떤 면접기법을 선택하고 진행할 것인가는 해당 직위의 특성이나 면접방법의 성격 등을 고려하여 결정하므로 어떤 기법으로 선보일지는 전적으로 기업과 면접관에 달려 있다.

1. 인터뷰 면접의 주의사항

 가장 일반적이다. 면접관이 질문하고 응시자가 답변하는 방식으로 주제나 형식에 제약을 받지 않는 대표적인 면접기법이다. 어떤 형태의 면접에서도 활용이 가능하기 때문에, 면접에서 가장 많이 사용되고 있는 기법이다. 1:1 면접에서 활용되는 방식이다.

 이 방식에서 면접관(혹은 면접관들)은 정해진 시간 안에 피 면접자를 마음껏 살펴보게 된다. 그러므로 이 때 제일 주의할 점은 면접관의 질문에 당황하지 말라는 것이다. 표정이나 언행 모든 것이 그대로 노출되어 있는 상태이므로 당황하거나 머뭇거리는 인상을 주면 이미 감점 요인이 되는 것이다.

2. 프레젠테이션 면접

 프레젠테이션 면접은 특정 주제와 관련하여 자료를 작성하고 발표하는 일련의 과정을 평가하는 면접기법이다.

 프레젠테이션 면접은 단순발표형식을 취할 것인지, 아니면 분석발표형식을 취할 것인지를 먼저 정해서 나오므로 정해진 방식을 따르면 된다.

단순발표형식은 주어진 주제에 대해 자신이 평소에 알고 있는 지식이나 정보를 구조화하고 논리적으로 발표하는 형식으로 창의성과 발표능력, 설득력 등을 평가하는데 많이 활용한다. 분석발표형식은 여러 가지 분석할 정보자료를 제공하고 , 이를 통해 발표 자료를 준비하여 발표하는 형식으로 문제분석력이나 기획력 등을 평가하는데 많이 활용한다.

프레젠테이션 면접을 설계할 때는 자료 분석, 작성 및 발표 시나리오 준비를 위한 시간을 최소 30분 이상 충분히 제공해 주는데 발표시간은 5~7분 정도로 제한된다.

그러므로 이 방식은 시간 활용이 대단히 중요하다. 가장 중요한 것은 시간을 쪼개 작성하고 발표하는 스케줄을 정확히 짜는 것이지만 더 중요한 것은 계획을 짜느라 시간을 소비해버리는 여학생들이 적지 않다는 것이다. 집단 발표의 경우 발표자를 잘 선정하지 않으면 전체가 손해를 보게 된다는 점을 명심할 것.

발표 이후 발표에 대한 추가질문시간이 대개 따라오는데 면접관이 응시자에 대한 평가근거를 확인할 수 있도록 해주는 배려 차원이다.

3. 토론면접

토론면접은 응시자간에 특정 주제에 대해 토론형식을 통해 의견을 제시하는 면접기법으로 형식에 따라 역할이 주어진 토론과 역할이 주어지지 않은 토론으로 나눌 수 있다. 역할이 없는 토론은 토론 참여자 전원에게 같은 주제가 주어지며, 토론 참가자들이 자신의 생각이나 경험을 바탕으로 입장을 정하고 토론을 진행하게 된다.

면접관은 이러한 토론이 응시자가 자신의 생각을 자연스럽게 표출할 수 있기 때문에 응시자의 실제적인 모습을 파악하는데 도움이 되지만, 토론주제가 한쪽으로 쏠려 제대로 진행이 안 될 수도 있어 주제선정과 운영에 매우 신중을 기하게 된다.

또한 자유로운 토론이기 때문에 많은 변수가 작용하여, 계획하지 않은 방향으로 평가가 진행될 수 있으므로 면접관들의 신경이 곤두서게 된다. 그러므로 면접관의 심기를 선드리는 어떤 행위도 조심하는 것이 좋다.

역할이 있는 토론에선 역할이 주어진 응시자가 토론을 진행하기 때문에 과제가 같더라도 다른 결과가 나올 수 있다. 어떤 역할이 주어질지 선택할 수 없기 때문에 주어진 역할에 대한 논리적 대응 및 대처 등이 주요한 평가근거가 되는 경우가 많다.

토론면접의 경우, 토론을 통해 자신의 논거를 얼마나 명확하게 전달하고 상대방을 설득할 수 있느냐를 평가하는 경우도 있지만, 실제로는 토론과정에서 보이는 응시자의 태도나 대화법, 타인에 대한 배려 등을 평가하는 경우도 많다. 토론면접을 받을 때 유의할 점은 모든 토론 참가자들이 충분히 발언하여 평가를 받을 수 있을 정도로 토론시간이 주어져야 하는 것이다. 당연히 내가 말하려는 것을 진행자가 막거나 기회를 덜 주는 불공평을 보인다면 이에 항의하여야 하고 공정한 기회를 부여받아야 한다.

가장 주의할 점은 내가 잘 드러나지 않을 수 있다는 점이다. 면접관들에게 나를 어필할 수 있는 방법이 무엇일까? 그것을 현장에서 임기응변으로 찾아내야 하는, 이른바 보물찾기식 면접 방식이므로 지혜롭고 순발력 있는 대처가 필요하다.

4. 상황면접

대 고객 상대 업무나 영업직, 마케팅 부서 등에서 자주 사용하는 방식이다.

특정한 상황(직무 수행 시 발생할 수 있는 의사결정상황이나 딜

레마 상황 등)을 제시하고 응시자의 응답이나 행동을 평가한다. 상황면접은 자신의 실제 행동보다는 바람직한 행동을 야기할 가능성이 높고, 이를 확인할 수 있는 방법이 없기 때문에 특별한 경우가 아니면 면접에 이용되지 않는다. 그럼에도 사람을 상대하는 직업의 특성상 피 면접자의 성격이나 응대 방식을 보기 위해 이 면접이 실시된다.

상황면접은 크게 두 가지 유형으로 나눌 수 있는데, 면접관이 응시자에게 상황을 제시하고 이에 대해 어떻게 응답, 행동하는지를 평가하는 것과 제시된 상황에서 역할을 가지고 상대방(면접관 혹은 다른 응시자)과의 상호작용이나 대응을 평가하는 것이다.

면접관이 제시한 상황에 대한 대처는 응시자에게 준비시간을 주지 않고 진행하게 되고, 역할이 제시되는 경우는 준비할 시간을 준다. 상황면접이 여학생들에게 특별히 불리하거나 유리하지는 않다. 그러나 이 방법은 응시자의 객관적인 평가가 어렵다는 점에서 순간적인 임기응변이 좋은 사람이 점수를 얻을 가능성이 높다. 당연히 이런저런 모양의 모의훈련을 하고 임하는 것이 훨씬 유리하다고 하겠다. 어떤 고객상담실에 응모한 한 여학생은 온라인 마케팅 회사를 찾아가 고객상담실 아르바이트를 며칠간 하고 응모했다가 합격한 경우도 있었다.

면접관의 **평가기준**

　면접관들이 자주 이용하는 평가 기준을 여기 소개하기로 한다. 이 기준을 보면 면접관들이 우리 응시자들을 어떻게 평가하고 어떻게 살피는지를 조금이나마 알 수 있게 해 줄 것이다.

　이 표를 보면서 나 자신이 어떤 사람에 해당할 것인지를 살펴 미리부터 준비하고 조심하면 좋은 평가를 받는데 큰 도움이 될 것이다. 예를 들어 면접관이 '요점파악능력이 부족하거나 생각이 체계적이지 못함. 사고가 부정적이고 지나치게 분석적임' 이라거나 '자신감 부족' 또는 '독립성 부족' 이라는 평가를 내리는 경우가 무엇일까를 생각해 보라.

　이 기준의 반대측면을 살피면 자신의 대응책을 찾을 수 있다.

<표> 언어에 대한 평가기준과 사례

좋은 평가 사례		나쁜 평가 사례	
언어 사례	평 가	언어 사례	평 가
논리적이고 질서가 있다	사려가 깊다	말이 두서가 없다	요점을 파악하지 못하거나 생각이 체계적이지 못함
사용하는 어휘가 긍정적이다	직관적이고 긍정적으로 결정함	경청하는 반응을 보이지 않는다	일방적이다
말의 높낮이가 분명하다	커뮤니케이션이 좋다	발언의 끝을 흐리거나 단정적이지 않다	자신감 부족, 독립성 부족
간단명료하게 말하고 음성이 호감이 간다	대인관계가 좋다	결정적, 결론적, 단정적으로 말한다	자주독립성이 강하지만 커뮤니케이션과 일처리가 일방적일 수 있음
다른 사람을 칭찬하는 말을 자주 쓴다	관계중심적이며 대인관계가 좋다	과거 사실이나 다른 사람을 비판하는 말을 자주 쓴다	사고가 부정적이고 지나치게 분석적임

<표> 행동에 대한 평가기준과 사례

좋은 평가 사례		나쁜 평가 사례	
행동 사례	평 가	행동 사례	평 가
허리를 곧게 세우거나 앞으로 바짝 다가앉는다	활동적임	의자에 깊숙이 앉아서 자세 변화가 없다	침착하지만 활동적이지 않음
첫인상보다 마지막 인상이 좋다	자기관리 및 자기계발이 잘됨	눈을 바로 보지 못한다	자신감이 부족하거나 뭔가 숨기고 있음
행동이 시원시원하다	설득력이 있음	표정과 음성의 기복이 심하다	스트레스에 약하다
면접관을 리드한다	리더십이 있음	미소가 없다	경직되어 있다

3부

곤란한 질문을 던지는
면접관들을 향한
발칙한 도전

지극히
여성적인 질문에
주눅들지 말라

– 나는 준비된 사람이다

여성만이 할 수 있는 답변으로 남성들을 이겨라

여성들의 취업이 늘어나고 있다. 여성이 활약할 수 있는 직종도 크게 늘어나고 있다. 하지만 오랜 시간 계속되어 온 가부장적 남성사회의 전통이 아직은 우리 사회의 저변에 짙게 깔려 있음도 사실이다. 그 때문에 출산과 휴식기를 반드시 가져야 하는 여성들의 경우, 남성들과 비교해 볼 때, 경쟁력에서 문제가 생길 수 있다. 아무리 마음이 열려있는 면접관이라 해도 '결혼은 언제쯤?', '언제까지 일을 할 수 있죠?', '출산 후에도 일을 할 생각이신지?' 라고 물어보게 되는 것은 당연한 질문이다.

1

이것은 남녀차별의 문제와는 다른 문제다. 현실적인 문제인 것이다. 그러므로 이 현실의 문제를 그대로 받아들일 때, 여성스러움이 경쟁력이 되도록 철저하게 답변 준비를 해야 한다. 남성과 어깨를 나란히 하면서 일을 할 수 있으려면 어떻게 하여야 할까? 이 문제를 깊이 생각해 보고 취업 전선에 뛰어들어야 한다.

여성 특유의 배려심을 발휘하면서도 동시에 일도 잘 처리하는 것이 실력 있는 여성이 아닐까. 면접에서는 여성으로서의 포근함과 동시에 당당함을 보여야 한다. 자신이 갖고 있는 실력을 바탕으로 적극성을 보이고 그것을 장점으로 내세울 수 있어야 한다.

QUESTION 1

결혼

결혼은 언제쯤 하고 싶습니까?

Point

구체적인 결혼 시기를 알려고 하는 질문이 아니다. 질문의 의도는 결혼하면서 금방 직장을 그만둠으로써 회사 전력에 차질이 생기지 않을까 걱정하면서 묻는 질문이다. 따라서 당분간 결혼할 생각은 없다고 대답하는 것이 유리할 것이다.

성공한 답변

저는 제가 성취하고픈 일을 직장에서 얻고자 취업하려는 것입니다. 그러니 당분간 결혼이라는 문제 때문에 일에 지장을 받는 것을 피하고자 합니다. 회사에 적응하고 책임 있는 일을 맡겨주실 때까지는 결혼할 생각이 없습니다. 결혼하면 생활스타일에도 큰 변화가 생길 수 있기 때문에 직장으로서 능력을 키워 기반을 잡아놓은 후 결혼하고 싶습니다.

결혼과 일은 서로 다른 차원이라고 생각합니다. 저는 사귀는 사람이 있어서 그 사람과 의논해 보고 결정할 생각입니다. 가능하면 20대에 결혼하고 싶습니다만 사회에 나가서 일을 하기 시작하면 일과 가정생활의 병행에 대해 다시 진지하게 생각해보고 싶습니다.

● **문제점**

똑 부러지는 대답이지만 합격하는 데는 큰 도움을 주지 못하는 답변이다. 결혼 시기가 막연할 뿐더러 상대 남자가 결정하면 곧바로 그만둘지도 모른다는 인상을 줄 수 있어 현명한 대답이었다고 말하기 어렵다.

적용연습　　　　　　　　　　　　　　　　　　　　　　년　　월　　일

준비된 상태에서의 대답	문제점과 개선책

결혼과 일

결혼하면 일은 어떻게 할 생각입니까?

Point

일을 계속하고 싶은 경우에는 결혼으로 인해 일에 지장을 주지 않겠다는 각오를 얘기하자.

성공한 답변

저는 일을 계속하고 싶습니다. 일과 결혼생활을 병행하는 것이 매우 힘들다는 것을 알지만, 제가 아는 선배들은 모두 결혼 후에도 열심히 일을 해서 나름대로 전문가들이 되어 있는 모습을 보면서 저도 꼭 그렇게 하고 싶다는 생각을 합니다. 귀사에서 근무하는 것은 제 꿈이었고, 일과 결혼생활을 병행하기 위한 의지가 있다면 어려움이 따른다 해도 극복할 수 있습니다.

부족한 답변

지금은 여성도 경제적으로 자립하면서 사는 시대이며, 재산관리도 따로 할 정도로 인식이 많이 변했습니다. 당연히 결혼한 후에도 일을 계속하고 싶습니다. 저는 제 힘으로 가정을 꾸려 가는데 도움을 주고 싶습니다.

적용연습

	년 월 일
준비된 상태에서의 대답	문제점과 개선책

※ 위 질문에 대한 자신만의 대답을 준비가 다 된 상태라고 판단하시면 모범답안에 쓰십시오. 이런 과정을 두 세 번 정도 되풀이하면 완벽한 답안을 만들 수 있을 것입니다.

육아
아이가 생기면 일과 육아를 동시에 어떻게 진행할 수 있겠습니까?

Point

이 경우는 아직 결혼도 하지 않은 상태에서 단정적으로 말하기 어렵다. 면접관들도 그 사실을 잘 알고 있다. 그러기 때문에 더욱 면접관이 듣고 싶은 이야기를 해 주어야 한다. 대개는 일을 계속한다고 답하는 게 좋다. 왜 계속하고 싶은지, 어떻게 하면 계속할 수 있는지도 전달하고, 육아 문제에 대한 처리는 어떻게 할 것인지도 이야기하자. 나중에 바뀌는 것은 그때 가서 결정하면 될 일이다. 지금은 취업을 위해 나와 있는 면접 장소라는 점을 잊지 말자.

성공한 답변

저는 일을 계속하고 싶습니다. 단기간 출산휴가를 낼 수밖에 없겠지만 가족과 의논해서 가능한 빠른 시기에 복귀하겠습니다. 육아는 친정 어머니가 돌보아 주실 것이라고 미리 말씀하고 계시며, 또 집 앞에 시설 좋은 보육센터가 하나 있어서 큰 걱정을 하지는 않아도 될 것 같습니다. 서양의 수많은 어머니들이 육아와 일을 동시에 잘 진행하고 있는데 저도 그런 사람들처럼 육아와 일을 동시에 진행하려고 생각하고 있습니다.

또 다른 답변

출산 후 정해진 기간 쉬고 나서 다시 일을 하고 싶습니다. 쉬고 있을 때도 휴가를 끝내고 직장으로 복귀했을 때 뒤처지지 않고 바로 일을 할 수 있도록 충전하고 공부도 계속하겠습니다. 저에게 주어진 육아 휴직기를 재충전의 기간으로 삼을 생각입니다. 그리고 육아 문제는 돌봐줄 사람이 따로 있어서 큰 걱정을 하지 않고 있습니다.

평가

일단 문제없다는 대답을 듣고 싶어 하는 것이 면접관이다. 구태여 '저는 애기를 낳으면 그만 둘 생각입니다.' 라고 답할 필요가 없다. 출산 때 가서 그렇게 하더라도 상황이라는 것은 늘 변하기 때문에 미리 못 박을 필요가 없는 것이다.

적용연습   년   월   일

준비된 상태에서의 대답	문제점과 개선책

※ 위 질문에 대한 자신만의 대답을 준비가 다 된 상태라고 판단하시면 모범답안에 쓰십시오. 이런 과정을 두 세 번 정도 되풀이하면 완벽한 답안을 만들 수 있을 것입니다.

근속연수

이 회사에 입사한다면
몇 년 정도 근무할 생각입니까?

Point

    면접관은 도대체 이 사람이 우리 회사에서 얼마나 오랫동안 일할 수 있을까를 고민한다. 그래서 이런 질문을 던지는 것이다. 회사를 금방 그만두면 기업은 난처하다. 사실 신입사원 시절은 봉급을 주면서 일을 가르치는 투자 기간이다. 그러니 기업이 투자한 만큼 돌려받으려 하는 것은 당연하다. 잠깐 하고 그만둔다는 식으로 대답하면 탈락이다.

성공한 답변

    이전에 입사한 선배로부터 최소 3년은 일을 배워야 회사 생활을 제대로 해 낼 수 있다는 이야기를 들은 적이 있습니다. 일을 배우고 회사를 알기 위해서 3년을 첫 목표로 삼고 업무를 제대로 익히면서 조금씩 더 목표를 늘려 나가겠습니다. 저는 할 수만 있다면 결혼 후에도 그리고 퇴직할 때까지 이 회사에서 열심히 일하고 싶습니다.

실패한 답변

아직 거기까지 구체적으로는 생각하고 있지 않습니다. 결혼한다면 배우자 될 사람의 의견도 있을 것이고, 그 의견도 맞춰봐야 하겠다고 생각합니다. 하지만 저로서는 가능한 길게 근무하고 싶습니다.

> **○ 문제점**
>
> 열의를 전달하려면 오래 근무하고 싶다는 적극적인 의지를 보여주어야 한다. 목표를 명확하게 제시한다면 야무진 인상을 줄 수 있는데 후자의 답변은 너무 모호하다. 어떻게 될지 모르겠다는 식의 대답 뿐 아니라 결혼 후 퇴직을 전제로 한 답변은 면접관에게 채용에 대한 불안을 줄 수밖에 없다.

적용연습

년   월   일

준비된 상태에서의 대답	문제점과 개선책

잡일

회사에 입사한 후 윗사람이 차 심부름을 시키거나 복사를 시키는 등 자질구레한 일을 자꾸 시킨다면?

Point

이 질문은 여성 면접 시 가끔씩 나오는 것으로, 여성의 노동에 대한 논의라기보다는 주변과의 조화를 잘 해 낼지를 묻는 질문이다. 그러므로 부드럽게 대답하되, 선을 긋는 것은 정확히 그어주어야 한다.

성공한 답변

차를 준비하는 것이나 서류를 복사하는 일도 손님이 오시거나 중요한 회의 자료를 만들 때 당연히 하는 일입니다. 그래서 전 별 부담 없이 생각합니다. 이런 것이 직장의 분위기를 부드럽게 해주고 일을 원활하게 처리하는 데 있어 도움이 된다면 기꺼이 하겠습니다.

그러나 윗사람이 스스로 하실 수 있는 상황임에도 반복적으로 계속해서 시킨다면 그것은 좀 고려해 볼 상황이라고 생각됩니다. 그러한 경우라면 둘만 있을 때 부드럽게 부탁 말씀을 드려서 업무 조정을 부탁드리도록 하겠습니다.

또 다른 답변

차를 준비하는 것이나 서류를 복사하는 것도 일의 일부분이라고 생각합니다. 다만 제가 하는 업무에 지장을 주고 시간을 지나치게 빼앗는다면 그것은 정식으로 윗사람에게 말씀을 드려서 조정을 부탁드릴 생각입니다.

> **◑ 평가**
>
> 이 질문의 답변은 과거 같으면 무조건 예스로 답해야 했지만 지금은 좀 달려졌다. 직장에서도 여직원에게 함부로 커피 심부름을 시키는 경우가 줄어들었기 때문이다. 따라서 할 말은 해야 하는데 그 경우라면 앞의 대답처럼 부드럽고 상냥하게 개선을 요구하겠다는 답변이 오히려 긍정적인 점수를 딸 수 있을 것이다.

준비된 상태에서의 대답	문제점과 개선책

※ 위 질문에 대한 자신만의 대답을 준비가 다 된 상태라고 판단하시면 모범답안에 쓰십시오. 이런 과정을 두 세 번 정도 되풀이하면 완벽한 답안을 만들 수 있을 것입니다.

<u>보조</u>

남을 돕는 어시스턴트 일을 맡겨도 잘할 수 있겠습니까?

Point

사환 일을 시키자는 게 아니다. 무슨 일이든 시키는 대로 잘 할 수 있을 만큼 마음이 열려 있는가를 물어보자는 것이다. "저는 일류대학 출신인데 이런 하찮은 일은 못해요"라고 대답하지나 않을까 찔러 보는 질문이다. 넘어가지 말고 오히려 당당하게 그러나 부드럽게 이야기하자.

성공한 답변

얼마든지 할 수 있습니다. 현업을 모르니 배울 때까지 당연히 어시스턴트 일을 하는 것이라 생각합니다. 보조하는 일이라고 가볍게 생각하지는 않습니다. 인턴 의사들이 그 과정을 겪어야만 전문의가 되듯이 저도 하루빨리 업무 전체의 흐름을 파악하고, 제가 할 일을 원활하게 처리하기 위한 과정을 공부해서 독립적인 일을 수행하도록 하고 싶습니다. 그러기 위해 보조 업무를 더 열심히 수행할 생각입니다.

부족한 답변

일을 하는 데 있어 어시스턴트도 중요한 역할이라 생각하지만 계속해서 중요하지 않은 일만 할 수는 없을 것이라고 생각합니다. 열심히 해서 나중에는 비중 있는 일을 맡겨주셨으면 합니다.

> **⊙ 평가**
>
> 앞뒤 답변이 비슷한듯하지만 상당히 다르다. 앞은 보조 일을 중요하게 생각하고 있는 것으로 보이고, 뒤의 답변은 보조 업무를 하찮게 여기는 성향이 보이기 때문이다. 진취적인 자세로 어시스턴트 일을 수행하겠다고 답변하는 것이 좋겠다.

적용연습

년　　　월　　　일

준비된 상태에서의 대답	문제점과 개선책

화장

당신은 화장하는데 시간이 얼마나 걸립니까?

Point

자신을 가꾸는 데 지나치게 시간을 소비하거나 뜸을 들인다는 인상을 주면 안 된다. 질문의 의도는 일을 시원스럽게 처리하는가이다. 10분에서 15분 정도가 무난하다.

성공한 답변

저는 진한 메이크업보다는 자연스러운 스타일의 메이크업을 좋아합니다. 옅은 화장은 짧으면 5분도 가능하고 좀 정성을 들이면 10분 정도면 무난하게 끝이 납니다. 지금 저의 얼굴도 준비하는 데 10분이 채 걸리지 않았습니다.

또 다른 답변

머리 세팅까지 해서 15분 정도 걸립니다. 저는 다른 사람에 비해 빠른 편이라고 생각합니다. 화장은 에티켓이라고 생각해 반드시 하지만 그것에 긴 시간을 걸 정도로 투자하지는 않습니다.

◐ 평가

둘 다 무난한 답변이다. 시간을 소중히 여긴다는 인상을 주는 것이 좋겠다. 화장은 여성에게 대단히 중요한 것이고, 스스로 자신을 사랑한다는 표현이기도 하다. 사실대로 이야기할 것.

적용연습

년   월   일

준비된 상태에서의 대답	문제점과 개선책

※ 위 질문에 대한 자신만의 대답을 준비가 다 된 상태라고 판단하시면 모범답안에 쓰십시오. 이런 과정을 두 세 번 정도 되풀이하면 완벽한 답안을 만들 수 있을 것입니다.

외박
외박한 경험이 있습니까?

⊶ Point

면접관이 사생활을 캐자는 것이 아니다. 당황하게 만들어 놓고 어떤 대답을 할지를 지켜보자는 것이다. 외박이 곧 나쁜 것은 아니라는 생각이라면 솔직하게 말해서 문제 될 것이 없다. 다만 문란하다는 인상을 주어서는 절대 안 된다.

성공한 답변

개인적으로 외박한 적은 없습니다. 부모님이 엄격하시고 저도 좀 보수적인 편입니다. 하지만 동아리 합숙, 대학 수학여행, 답사 여행 때는 2, 3일정도 외박한 경험이 있습니다. 늦게까지 친구들과 애기할 수 있어서 좋았고, 교수님들을 모시고 인생 이야기, 전공 이야기들을 들을 수 있어서 참 좋았습니다.

저는 부모님이 엄하셔서 한 번도 외박한 적이 없습니다. 그래서 동아리 활동을 하던 중에도 외박은 한 적이 없었습니다.

◐ 문제점

이건 너무 꽉 막혀 있다는 느낌을 준다. 다 큰 성인이 어른들한테 매어 있다는 인상과 비독립적이라는 인상을 주고 있다.

적용연습

년   월   일

준비된 상태에서의 대답	문제점과 개선책

※ 위 질문에 대한 자신만의 대답을 준비가 다 된 상태라고 판단하시면 모범답안에 쓰십시오. 이런 과정을 두 세 번 정도 되풀이하면 완벽한 답안을 만들 수 있을 것입니다.

이성교제

당신은 이성교제에 대해 어떻게 생각합니까? 지금 사귀고 있는 사람이 있습니까?

Point

남녀 간의 연애론에 대해 묻고 있는 게 아니다. 사귀고 있는 사람이 있다면 솔직하게 이야기하라. 헤어졌다면 그대로 이야기해도 문제 될 것 없다. 하지만 면접관이 지나치게 사생활을 파고들면 그 선에서 적당히 정리하라.

성공한 답변

이성교제는 저희 나이에서 자연스러운 일입니다. 저도 사귀던 남자친구가 있었는데 유학을 가면서 헤어졌습니다. 저는 유학을 생각해 본 적이 없었고, 빨리 사회에 나오고 싶었기 때문에 자연스레 정리하게 되었습니다. 지금은 남자친구보다 취업준비를 위한 공부가 더 필요한때라고 생각합니다. 남자 친구는 기회가 되면 또 생길 것이라고 생각합니다.

부족한 답변

저는 여대를 나와 별로 남성과는 교제할 기회가 없었습니다. 대학에선 남자 친구를 사귀지 않고 공부만 했습니다. 이제 사회에 나와서는 시야를 넓히기 위해서라도 많은 사람과 사귀어 보고 싶습니다.

❶ 평가

후자의 답변은 좀 막힌 사람이라는 생각을 하게 만든다. 대학 4년간 남자 친구 한 명도 없다는 답변은 요즘은 좀 구시대적이라고 생각하지 않을까? 없어도 있다고 할 판인데 좀 소극적인 답변이다. 없더라도 다른 방식으로 이야기할 수 있어야 한다. 예를 들자면 "중고등학교 시절부터 동창으로 지내온 남자 친구는 대단히 많습니다. 하지만 이성교제라고 할 만한 사이는 아니었고요, 스스럼없이 지내온 동창들뿐이라서 사회에 나가면 한 번 사귀고 나서 제 친구들에게 보여줄까 생각하고 있습니다."라고 대답하면 괜찮지 않을까?

적용연습

<table>
<tr><td colspan="2" align="right">년　　월　　일</td></tr>
<tr><td>준비된 상태에서의 대답</td><td>문제점과 개선책</td></tr>
<tr><td>　</td><td>　</td></tr>
</table>

답변자의 심리를 흔드는 질문들

이런 질문류는 면접 지원자를 흔들어 보자는 것이다. 질문에 동요하고 있다는 것을 보이지 말 것. 면접관이 노리는 것이 바로 이 점이다. 당황하지 말고 차근차근 답하는 것이 좋은 점수를 받는 비결이다.

면접관들은 상대방을 곤란하게 만들어 그 순간 어떻게 대답하면 좋을까하고 망설이게 한다. 당신을 괴롭히려는 것이 아니라 당황했을 때 당신의 대처법과 순발력을 테스트하는 것이다. 빠른 두뇌회전능력이 있는지 알고 싶어 하는 것이므로 긴장을 늦추지 말고 정확하게 답변하라.

　우선 면접관의 눈을 똑바로 쳐다보고 네 라고 답하자. 망설이고 있다는 모습을 절대 보이지 말고 1초에서 2초 정도는 생각할 여유를 가진 뒤 대답하라.

　또 한 가지 주의할 점은 변명하지 말고 당당하게 말하는 것이다. 주절주절 늘어놓지 않도록 하라. 이야기가 늘어지면 변명처럼 보이기 십상이다. 변명하려면 차라리 발칙하다 싶을 만큼 면접관을 당황하게 만드는 질문을 던지라. 면접관의 관심을 모을 수도 있다. 물론 예의는 철저하게 지켜야 한다.

재수

이력서를 보니 재수한 기간이 있더군요.
왜 재수했습니까?

Point

재수가 잘못인 것은 아니다. 실패는 언제든지 누구라도 하는 것이다. 재수의 분명한 이유와 재수를 통해 얻은 교훈을 강조하면 오히려 더 좋은 점수를 받을 수 있다.

성공한 답변

A 대학 법정계열에 지원했다가 낙방했습니다. 저나 담임선생님은 실력이 된다고 생각했는데 그 해 따라 지원자가 많이 몰려서 34:1의 높은 경쟁력을 보였습니다. 그 결과 떨어지고 1년을 재수한 다음 다시 지원하게 되었습니다. 1년 입시학원에 다니면서 제 인생의 첫 실패를 어떻게 받아들이고 교훈을 얻을 것인가를 늘 생각하며 공부했습니다.

다행히 1년 재수 시절을 잘 보내서 좀 더 나은 성적이 나왔습니다. 전공은 오빠와 선배들의 조언을 듣고 1년간 심각하게 생각한 결과 지금 대학교의 어문계열로 바꾸고 들어왔습니다. 1년의 세월이 결코 짧지는 않았지만 그 기간 동안 저 자신을 돌아보고 혹시 나태한 적은 없었는지 채찍질하는 중요한 기간이 되었기에 제게 소중한 경험을 주었다고 생각합니다.

다른 답변

고등학교를 졸업하고 K 대학 국문학과에 도전했다가 실패했습니다. 하지만 저는 국문학이 꼭 하고 싶어서 다른 학과로 눈을 돌리지 않고 1년 더 새로운 마음가짐으로 노력해서 지망학교에 입학했습니다. 노력하는 것의 중요성을 실감했고, 또한 친구들과 서로 격려한 경험도 다른 사람들과의 관계의 소중함을 아는 데 좋은 경험이었다고 생각합니다.

또 다른 답변

실력이 안 되어서 떨어졌다고 생각합니다. 그래서 2차에 다른 계열로 지원했는데 또 떨어지고 말았습니다. 1년간 재수하고 제 실력에 맞는 학교와 전공을 골라 지원했고 그 결과 합격했습니다. 제게는 쓴 경험이었지만 인생을 다시 생각하게 만든 좋은 경험이었습니다.

대부분 재수의 원인은 시험 실패다. 실제로 많은 경우의 사람들은 마지막 답변의 경험을 갖고 있는 경우다. 그러나 그렇다고 마지막 답변처럼 이야기할 필요는 없다. 이런 경우에는 그 후 1년간 얼마나 노력했는지를 강조하고, 긴 인생 가운데 재수도 좋은 경험이었다고 느낀 점을 포함하라. 실패는 누구나 한다. 하지만 그것을 어떻게 극복했는지가 중요한 득점 요인이다.

적용연습   년   월   일

준비된 상태에서의 대답	문제점과 개선책

※ 위 질문에 대한 자신만의 대답을 준비가 다 된 상태라고 판단하시면 모범답안에 쓰십시오. 이런 과정을 두 세 번 정도 되풀이하면 완벽한 답안을 만들 수 있을 것입니다.

불합격

만일 우리 회사에 불합격하면 어떻게 하실 겁니까?

Point

쉽게 포기한다는 인식을 주면 안 된다. 아직 불합격이 결정된 게 아니다. 매우 안타깝지만 다음 기회에 또 이 회사를 지원하겠다고 말하라. 다시 한 번 입사 열의를 보여 열정이 있음을 심어주는 것이 중요하다. 강한 인상을 심어주면 합격한 이들 가운데 입사하지 않는 이들이 간혹 나오므로 보궐로 입사하는 행운을 누릴 수도 있다.

성공한 답변

만일 불합격 통지를 받게 된다면 이 회사에 입사하기 위해서 정말 많은 노력을 해왔기 때문에 매우 안타까운 상황이 될 것입니다. 하지만 가능하다면 재수를 해서라도 재도전하고 싶습니다. 꼭 이 회사에 입사하고 싶기 때문에 다시 준비하는 것이 옳다고 생각합니다. 제게 부족한 부분이 무엇인지 잘 생각해 보고, 더 열심히 준비하고 노력하여 다시 이 회사에 도전하겠습니다.

또 다른 답변

제가 실력이 달려서 뽑히지 못한 것이니 어쩔 수 없는 일이겠지요. 유감이지만 깔끔하게 포기하는 수밖에 없겠습니다. 그러나 다른 회사에는 갈 생각을 안 해 봐서 고민을 좀 해봐야 할 것 같습니다. 하지만 언젠가는 경력을 쌓아서 다시 이 회사에 도전해 보겠습니다. 그 때 당당하게 실력을 키워 다시 오겠습니다.

● 평가

두 답변 다 괜찮은 답변이다. 미련을 둔다기보다 목표를 향해 포기하지 않으려는 열정 같은 것이 느껴진다. 현실적으로 이 회사에 다시 들어가기란 쉬운 일이 아니지만 좋은 인상을 남겨두어야 보궐 충원 때라도 선택받을 수 있다. 사람의 일이란 모르는 것이다. 언젠가 벌어질지 모를 기적 같은 순간을 위해 준비하고 또 달려가야 한다.

준비된 상태에서의 대답	문제점과 개선책

※ 위 질문에 대한 자신만의 대답을 준비가 다 된 상태라고 판단하시면 모범답안에 쓰십시오. 이런 과정을 두 세 번 정도 되풀이하면 완벽한 답안을 만들 수 있을 것입니다.

중복 합격

이 회사와 다른 회사 양쪽 모두에서 합격한다면 어떻게 할 겁니까?

Point

여러 군데 지망했을 것이라고 면접관은 생각하고 있다. 그래서 다른 회사로 가겠다고 말하면 당연히 떨어뜨린다. 갈 때 가더라도 이 회사가 1지망이라는 말을 반드시 해 두어야 한다.

성공한 답변

물론 이 회사에 입사하겠습니다. 오랫동안 이 회사를 목표로 해서 준비해 왔습니다. 따라서 귀사에 합격이 확정되면 다른 회사는 갈 생각을 할 필요도 없습니다. 면접 일자가 아직 남아 있지만 면접도 가지 않을 생각입니다.

한 회사라도 합격이 정해지면 좋겠다고 생각하고 있기 때문에 다른 곳에서도 합격한다면 고민을 해보고 결정하겠습니다. 하지만 이 회사에 최선을 다해 최종 합격 판정을 받고 싶습니다.

◑ 평가

질문에 확실하게 입사 의지를 표명하지 않으면 합격해도 실제 입사할 의지가 있는지 의심스럽다는 인상을 주게 된다. 이 점을 특별히 주의할 것.

적용연습

년   월   일

준비된 상태에서의 대답	문제점과 개선책

※ 위 질문에 대한 자신만의 대답을 준비가 다 된 상태라고 판단하시면 모범답안에 쓰십시오. 이런 과정을 두 세 번 정도 되풀이하면 완벽한 답안을 만들 수 있을 것입니다.

나쁜 버릇

머리를 자꾸 흔들거나 발을 가만 두지 않는 것,
또 말을 너무 빨리 해치워버리는 것 같은 느낌을 주는것은

자신이 없어서 그런 것입니까?

아니면 원래 버릇이 그렇습니까?

Point

답변자의 버릇을 지적하면서 결점을 지적하는 말이다. 이 경우에 어떤 대답으로 극복해나가겠다는 의지를 보일 것인가를 고민해야 한다.

성공한 답변

그렇게 보셨다니 죄송합니다. 어릴 때는 굉장히 심해서 대인기피증도 갖고 있었다고 생각됩니다. 그런데 중·고등학교 때 웅변도 하고 대화술 학원도 다니면서 많이 고쳤습니다. 지금도 거울 앞에서 매일 15분씩 말하는 연습을 하고 있습니다만 지금 긴장 상태라서 약간 그 버릇이 나온 것 같습니다. 말이 빠른 것은 웅변을 한 탓이라고 생각됩니다. 조금씩 자연스럽게 하도록 연습하고 있는 중입니다. 잘 부탁드립니다.

부족한 답변

죄송합니다. 어릴 적 버릇인데 잘 고쳐지지가 않습니다. 앞으로 고치겠습니다. 덜 긴장하면 잘 안 나오는 버릇인데 지금 긴장하고 있어서 그렇습니다. 죄송합니다.

> **● 평가**
>
> 앞의 대답은 결점을 긍정적 노력으로 바꿔가는 답변이라서 좋다. 현재의 감점을 줄일 수 있을 것이다. 다만 이 대답을 하면서도 머리를 흔들거나 말을 빨리 하면 곤란하다. 천천히 정중하게 하면 감점요인을 바꿀 수 있다. 뒤의 답변은 같은 이야기라도 항복하는 자세라서 감점 요인이다. 뭘 어떻게 고쳐가겠다는 의지를 보여야 한다.

적용연습 년   월   일

준비된 상태에서의 대답	문제점과 개선책

가장 힘들었던 일

살아오면서 가장 힘들었을 때가 언제이며, 그것을 어떻게 극복했습니까?

Point

사생활을 알려고 물어보는 것이 아니다. 살아오면서 가장 힘들었던 때나 슬픈 일을 겪었을 때 어떻게 극복했는지 그 방법에 대해 말하라는 것이다

성공한 답변

아버지가 사업에 실패했을 때입니다. 저도 대학에 막 입학해야 할 때였고, 동생도 고등학교에 입학하던 해였는데 모두 다 진학하지 못하고 쉴 수밖에 없었습니다. 무엇을 어떻게 해야 할 지 자신이 없었고, 같은 학년의 친구들이 대학에 다니는 모습을 보는 것이 너무 힘들었습니다. 하지만 가정을 위해 또 실패하신 아버지를 위해 온 가족이 일자리를 얻어 아르바이트를 하고 어머니도 취업을 하고 해서 1년간 열심

히 벌어서 가정을 조금이나마 추스를 수 있었습니다. 저는 아는 독지가로부터 장학금을 받아 진학했고, 동생도 진학하고 아버지도 다시 작지만 사업을 시작해서 이제는 다 열심히 일하고 있습니다. 실패라는 것이 참 견디기는 어렵지만 사람을 성숙하게 만들어 주는 것이라고 생각합니다.

부족한 답변

저의 경우 살아오면서 특별히 어렵거나 슬펐던 일을 겪어본 적이 없었던 것 같습니다. 저희 집안 또한 특별하게 어려운 상황이었던 적이 없었구요. 개인적으로 재수를 하거나 시험 성적이 잘 안 나오는 등 어려운 일도 겪었지만 밝은 성격이어서 좌절감을 맛본 적은 별로 없었습니다. 작은 실패는 신경 쓰지 않고 씩씩하게 일하고 공부하는 편이라 친구들이 저를 낙천적이라고 말하는 것을 듣곤 했습니다.

❍ 평가

실패에 너무 연연하는 것도 문제고, 그 실패를 오래도록 기억하며 사는 것도 문제다. 좌절감을 좌절감이라고는 받아들이지 않으려고 노력합니다 정도의 답변이면 좋겠다. 앞의 답변은 좌절감을 맛보면서도 극복했다는 자세가 전향적이고 긍정적이어서 좋다.

준비된 상태에서의 대답	문제점과 개선책

※ 위 질문에 대한 자신만의 대답을 준비가 다 된 상태라고 판단하시면 모범답안에 쓰십시오. 이런 과정을 두 세 번 정도 되풀이하면 완벽한 답안을 만들 수 있을 것입니다.

연봉

입사하면 연봉은 어느 정도 받고 싶습니까?

Point

많이 받고 싶은 것은 당연한 욕심이다. 그러나 업계의 형편, 회사의 규모라는 것이 있다. 터무니없는 금액을 요구하지 말라. 그것부터 감점 요인이 된다. 세상물정 모르는 사람으로 취급받는다. 금액도 중요하지만 회사에서 얻고 싶은 것을 말하면 인상이 좋아진다.

성공한 답변

회사 내규에 정한 대로 받고 싶습니다. 열심히 일해서 최고 연봉을 받을 수 있도록 하고 싶습니다.

또 다른 답변

저는 연봉 2천만 원 정도면 만족하겠습니다. 이 정도가 이 업계의 평균 첫 연봉이라고 들었습니다. 하지만 회사 내규에 정한 것이 있으므로 그 결과를 따르겠습니다. 월급도 중요하지만 제가 하고 싶은 일을 열심히 할 수 있는 곳이면 더 좋겠습니다.

실패한 답변

언론보도를 보니 신입사원 첫 연봉이 2천6백만 원이라는 기사를 읽었습니다. 저도 그 정도는 되어야 한다고 생각합니다.

◑ 문제점

질문에 대한 정확한 답변이라고 보기는 어렵다. 언론보도보다 더 중요한 것은 이 회사의 형편과 업계 평균 임금이다. 기준 없이 돈을 마음대로 주는 회사는 없다.

적용연습   년   월   일

준비된 상태에서의 대답	문제점과 개선책

상사와의 조화

어떤 상사가 좋습니까? 또 그 상사와 의견이 맞지 않으면 어떻게 할 생각입니까?

Point

그냥 어떤 분이라도 열심히 하겠다고 이야기하는 것은 다소 의지가 없어 보인다. 오히려 원하는 것을 자신 있게 이야기하되, 그럼에도 어떤 분이 상사가 되든 열심히 일하겠다고 말하라. 설득의 중요성을 언급하라.

성공한 답변

저는 아랫사람의 말에도 귀를 기울여 주는 열린 마음을 가진 상사였으면 좋겠습니다. 억압적인 분위기보다 상하 소통이 잘 되는 부서에서 일하고 싶기 때문입니다. 하지만 그렇지 않더라도 그것 또한 세상을 배우고 사람관계를 배우는 것이라고 생각해 열심히 할 생각입니다. 만약 윗분과 계속해서 의견이 맞지 않아 힘들어지면 시간을 내 주십사 부탁

드린 후 먼저 그 분의 의견을 듣고 제 의견도 말씀드리도록 하겠습니다. 그래도 합의점을 찾지 못할 경우에는 윗분의 지시를 따르겠습니다.

부족한 답변

친절한 분이면 좋겠지만 다 괜찮습니다. 어떤 분이든 열심히 하겠습니다. 만약 의견이 맞지 않으면 가급적 그 분의 의견을 따르겠지만 틀린 의견이라면 고쳐달라고 요구하겠습니다.

> **⊙ 평가**
> 후자의 답변은 뭔가 부족하다. 좀 더 적극적인 자세가 요구된다. 상사를 고치려 들기보다 의사소통을 하는 방법론을 이야기하는 것이 훨씬 효과적이다.

적용연습

년   월   일

준비된 상태에서의 대답	문제점과 개선책

8
Question

철야근무

오늘이 남자 친구 아버지 생신입니다.
약속도 다 해놓고 선물도 사 놓았는데 갑자기 상사가

야근이나 철야근무를 시키면 어떻게 하겠습니까?

Point

과거 같으면 무조건 근무하겠다고 대답해야 뽑는 것이 상식이었다. 그런데 요즘은 좀 더 다른 답변을 요구하는 경향이다. 예를 들자면 "위기라면 위기인 이 상황을 어떻게 타개해 갈 것인지를 보려고 질문을 내는 것이므로 대처 방법을 잘 선택하는 것이 높은 점수를 받는다는 것이다. 물론 야근을 거부하겠다는 대답은 절대금물이다.

성공한 답변

그런 일이 있으면 골치가 아플 것입니다. 하지만 양쪽 다 만족시킬 수 있는 묘책을 찾아야겠지요. 우선 남자 친구에게 식사 시간 30분만 참석하겠다고 상황을 설명합니다. 그리고 회사 상사에게는 자신의 약속 상황을 설명하고 1시간에서 1시간 반 정도만 다녀와서 철야근무를 하겠다고 말하겠습니다. 상사 분께서 그 정도는 들어주실 것이라고 생각합니다. 그리고 얼른 택시 타고 가서 식사만 참석하고 선물을 드린 다음 양해를 구한 뒤 회사로 돌아오겠습니다.

(만일 상사가 절대 안 된다고 한다면 저는 다른 부서로 전출을 요청하겠습니다. 융통성도 없고 차선책도 없는 상사라서 배울 것이 없을 테니까요.)

부족한 답변

저는 공과 사는 구분되어야 한다고 생각합니다. 하지만 선약이 있는데 갑자기 야근을 시키면 곤란하겠지요. 저 같으면 못한다고 솔직히 이야기하겠습니다.

> **○ 평가**
>
> 앞의 답변은 대단히 지혜스럽지만 괄호 안의 답변은 도전적이다. 그러나 한 편으론 자신 있게 보여서 좋기도 하다. 이런 도전적인 답변은 상대를 봐 가면서 해야 한다. 눈치를 살펴 먹힐 상대라야지 보수적이고 꽉 막힌듯한 면접관에겐 도리어 역효과를 불러올 수도 있다. 뒤의 답변은 아무래도 부족해 보인다.

년   월   일

준비된 상태에서의 대답	문제점과 개선책

※ 위 질문에 대한 자신만의 대답을 준비가 다 된 상태라고 판단하시면 모범답안에 쓰십시오. 이런 과정을 두 세 번 정도 되풀이하면 완벽한 답안을 만들 수 있을 것입니다.

Question

말씨

좀 소극적으로 보이는데
평소에도 말씨나 목소리가 그래요?

Point

이건 정말 심한 질문이라고 생각하지 말라. 먼저 면접자를 흔들어보는 것이 면접관들의 특기다. 그들에게 뭔가 소극적이라는 느낌이 들었기 때문에 이런 질문을 던진 것이다. 반성하고 결점을 극복하겠다고 하든지, 목소리는 작아도 일은 똑 부러지게 잘한다고 하든지, 내 특유의 답변으로 단점을 넘어서야 한다. 지금 질문은 정말 위기 상황이다. 극복하기 위한 해법을 찾아라.

성공한 답변

(좀 큰 목소리를 내며) 원래 제 목소리가 너무 커서 늘 부모님으로부터 야단을 많이 맞았습니다. 고등학교 수업 시간에도 옆 친구와 속삭인

다고 뭐라고 말할라치면 반드시 붙잡혀 나가 야단을 맞았습니다. 그런데 대학 4년간 아르바이트를 하면서 목소리가 작아져 버렸습니다. 도서관에서 일했거든요. 도서관에서는 큰 소리로 이야기하면 금방 지적을 받습니다. 그러다보니 4년간 아르바이트를 하는 습성 때문에 좀 작아진 것 같습니다. 회사에 입사하면 다시 큰 소리로 돌아가서 씩씩하게 일하겠습니다. 합격만 시켜 주시면 최선을 다할 생각입니다.(큰 목소리로)

부족한 답변

저는 어릴 때부터 목소리가 작고 좀 내성적이라서 그런 지적을 받곤 했습니다. 죄송합니다. 앞으로는 일부러라도 큰 목소리를 내도록 연습하도록 하겠습니다.

> ○ **평가**
> 앞의 답변은 면접관의 웃음을 유도하게 되어 괜찮은 답변을 한 것으로 보인다. 뒤의 답변은 자신 없어 보이고, 소극적인 것을 스스로 시인하며 물러서고 있는 모습이다. 당신 같으면 누굴 뽑을 것인가?

준비된 상태에서의 대답	문제점과 개선책

※ 위 질문에 대한 자신만의 대답을 준비가 다 된 상태라고 판단하시면 모범답안에 쓰십시오. 이런 과정을 두 세 번 정도 되풀이하면 완벽한 답안을 만들 수 있을 것입니다.

퇴짜

지금까지 이야기하는 것을 보면 우리 회사와는 뭔가 어울리지 않는 것 같은데요…

Point

안 뽑으면 될 것을 이렇게 대놓고 이야기하는 것은 대개 두 가지 경우다. 하나는 정말 마음에 들지 않는 경우이고, 또 하나는 뽑고 싶긴 한데 뭔가 좀 부족하다고 느껴서 찔러보는 경우다. 앞의 경우 어차피 안 뽑힐 것이라면 당당하게 이야기해서 더 손해 볼 일도 없을 것이다. 그 다음 경우라도 당당하게 자신을 표현하여야 선택받을 수 있는 것 아닐까?

성공한 답변

저는 지금 당장 톡톡 튀는 답변이나 임기응변식의 답변으로 면접관 님들을 기쁘시게 해 드리지는 못합니다. 그래서 이런 말씀을 하신 것 같기도 합니다. 더 싹싹하고 애교도 넘치면 좋겠지만 제 천성이 그렇지 못한 탓입니다. 하지만 저는 지금까지 그랬듯이 한 번에 확 튀기보다 오래도록 천천히 빛을 발하는 타입입니다. 제 23년의 인생을 돌아보면 늘 그랬던 것 같습니다. 선생님들도 저를 지켜보시면서 그런 말씀을 해주시곤 했습니다. "넌 눈에 확 뛰지는 않는데 겪어볼수록 진국이더라"라구요. 제 자랑이 아닙니다. 단 몇 분간의 면접으로 사람의 인성을 다 파악하기는 쉬운 일이 아니라는 말씀을 드리자는 것입니다. 제게 기회를 주십시오. 어느 누구보다 잘 할 수 있습니다.

실패한 답변

저는 학생시절부터 이 회사의 제품을 애용해 왔습니다. 어느 누구보다 더 이 회사를 잘 안다고 자부합니다. 제게 기회를 주시면 다른 어떤 신입사원보다 훨씬 열심히 일할 자신이 있습니다. 노력하는 거라면 저를 따라올 사람이 없을 것으로 자부합니다. 정말 자신 있습니다.

◐ 문제점

열의만 강조한다고 붙여주는 것은 아니다. 이 질문의 의도를 깨우치지 못해서 이런 식으로 열정만 죽어라고 강조하는 답변을 하게 되는 것이다. 면접관의 노림수에 넘어가지 말라. 포인트를 참조하여 확실한 나만의 대답을 미리 준비하라.

준비된 상태에서의 대답	문제점과 개선책

※ 위 질문에 대한 자신만의 대답을 준비가 다 된 상태라고 판단하시면 모범답안에 쓰십시오. 이런 과정을 두 세 번 정도 되풀이하면 완벽한 답안을 만들 수 있을 것입니다.

트집

회사에 지원하시는 분이
이런 것도 모릅니까?

Point

준비한다고 준비했는데 미처 챙기지 못한 것에서 꽉 막히는 경우가 있다. 그럴 땐 모르는 것은 모른다고 시인해라. 거기서 머뭇거리면 탈락이다. 더 열심히 공부하겠다고 열정을 보여라.

무난한 답변

네, 죄송합니다. 미처 제가 공부하지 못한 분야라서 정확한 답변을 드릴 수가 없습니다. 저의 지식이 짧은 탓이고, 준비를 덜한 탓입니다. 집에 돌아가면 오늘 바로 공부해서 그 분야에 관해 완전히 익혀놓도록 하겠습니다.

질문하신 분야는 제가 잘 모르는 쪽이라 답변하기 어려웠습니다. 앞으로 더욱 공부하도록 하겠습니다.

○ 평가

굳이 변명할 필요는 없다. 하지만 '앞으로' 라는 말은 너무 막연하다. 앞의 답변보다 뒤의 답변이 추상적이라고 느껴지지 않는가? 의욕을 보이는 것이 이 경우 중요하다.

적용연습

<table>
<tr><td colspan="2"></td><td>년</td><td>월</td><td>일</td></tr>
<tr><td colspan="4">준비된 상태에서의 대답</td><td>문제점과 개선책</td></tr>
<tr><td colspan="4">

</td><td></td></tr>
</table>

※ 위 질문에 대한 자신만의 대답을 준비가 다 된 상태라고 판단하시면 모범답안에 쓰십시오. 이런 과정을 두 세 번 정도 되풀이하면 완벽한 답안을 만들 수 있을 것입니다.

중복 지원

저희 회사 말고
몇 회사에 더 지원했습니까?

Point

사실대로 이야기한다고 해도 믿어주기가 쉽지 않은 질문이다. 입사지원자가 요즘처럼 취업이 어려운 마당에 한 군데만 지망하는 경우가 과연 있을까? 면접관도 이 사실을 익히 알고 있다.

무난한 답변

3개 사에 지원해 두었습니다. A사는 면접을 끝내고 와서 확정 발표를 기다리는 중이고 B사는 아직 면접을 보지 않았습니다. 하지만 저는 이 회사에 꼭 입사하고 싶습니다.

저는 A사가 확정되더라도 이 회사에 들어와 열심히 일하고 싶습니다. 전공도 제가 공부했던 분야이고, 회사의 이미지와 제가 추구하고자

하는 인생관 같은 것들이 너무 잘 맞아서 꼭 입사하고 싶어 지원서를 낸 것입니다. 잘 부탁드립니다.

또 다른 답변

두 곳에 지원했습니다. C사는 금융지주회사인데 저는 매장관리 파트를 지망했습니다. 하지만 저는 C사에는 없는 고객관리센터 같은 곳에서 일하고 싶습니다. 다양한 고객과 접할 수 있고 활동력이 넘치는 그런 곳에서 일하고 싶어서 이 회사를 지원한 것이니 저를 선택해 주시기를 간절히 부탁드립니다.

실패한 답변

저는 다른 회사에 지원하지 않았습니다. 이 회사에만 지원하기 위해 그동안 피눈물나게 준비해 왔습니다.

❿ 평가

둘 다 무난하다. 여기서 중요한 것은 당당하게 말하는 것이다. 당신네 회사만 지원하라는 법이 있는가하며 당당하게 말하는 것이다. 죄지은 사람처럼 머리를 쓸어 올리거나 땅을 쳐다보거나 하는 것은 자신 없음을 스스로 표현하는 것이다. 실패한 답변의 경우 너무 솔직한 것 아닌가? 거짓말이라면 말할 필요조차 없는 답변이다.

준비된 상태에서의 대답	문제점과 개선책

※ 위 질문에 대한 자신만의 대답을 준비가 다 된 상태라고 판단하시면 모범답안에 쓰십시오. 이런 과정을 두 세 번 정도 되풀이하면 완벽한 답안을 만들 수 있을 것입니다.